面向新时代的汉语语法理论创新丛书

罗琼鹏 ◎ 著

程度语义学与汉语语法研究

Degree Semantics and the Grammar
of Modern Chinese

南京大学出版社

图书在版编目(CIP)数据

程度语义学与汉语语法研究 / 罗琼鹏著. —南京：
南京大学出版社,2022.10
（面向新时代的汉语语法理论创新丛书）
ISBN 978-7-305-26172-5

Ⅰ.①程… Ⅱ.①罗… Ⅲ.①汉语—语义学—研究②
汉语—语法—研究 Ⅳ.①H13②H14

中国版本图书馆 CIP 数据核字(2022)第 174603 号

出版发行 南京大学出版社
社　　址 南京市汉口路 22 号　　　　邮　编 210093
出 版 人 金鑫荣
丛 书 名 面向新时代的汉语语法理论创新丛书
书　　名 程度语义学与汉语语法研究
著　　者 罗琼鹏
责任编辑 刘　丹

照　　排 南京紫藤制版印务中心
印　　刷 徐州绪权印刷有限公司
开　　本 880×1230　1/32　印张 9.125　字数 204 千
版　　次 2022 年 10 月第 1 版　2022 年 10 月第 1 次印刷
ISBN　978-7-305-26172-5
定　　价 50.00 元

网　　址 http://www.njupco.com
官方微博 http://weibo.com/njupco
官方微信 njupress
销售咨询 025-83594756

序

　　程度性是语言中的重要范畴。汉语中,表达属性义的词项是否具有程度性是区分形容词和区别词的重要标准。朱德熙《语法讲义》把"大、重要、短暂"这样的能受"很"修饰的词归入性质形容词,而把"大型、主要、短期"这样的不能受"很"修饰的词归入区别词,其背后的理据,其实就是性质形容词具有程度性,而区别词不具有程度性。属性词是否具有程度性反映了一系列语法功能的差异:具有程度性的属性词能作谓语、补语,可受否定副词"不"修饰,可用于"比"字句,可带补语;而不具有程度性的属性词不能作谓语、补语,不能受否定副词"不"修饰,不能用于"比"字句,不能带补语。这表明是否具有程度性在汉语中是一条重要的界限,具有程度性的属性词被编码为谓词,而不具有程度性的属性词被编码为饰词(郭锐2002,2012)。

　　然而,程度性的重要性不限于形容词和区别词的区分。程度性的语义本质和程度性内部多样性也影响着形容词的语义特点和语法行为。

　　形容词在语义上的一个共同特点,就是大多能与另一个形容词构成反义对立。如"大/小"、"好/坏"、"干净/肮脏"、"美丽/丑陋"。虽然动词、名词也有反义词,但数量极少。能与形容词的反义词在数量比例上相当大概只有区别词。为什么如此？形容词的反义对立与区别词的反义对立在语义上是否相同？这些问题值得深究。

形容词内部不同形容词之间在语法行为上也表现出差异。比如，有的形容词可以受副词"半"或"完全"修饰，有的却不能，如"半满、半干"、"完全满、完全干净、完全安全"、" * 半湿、 * 半脏、 * 半危险"、" * 完全脏、 * 完全危险"。又如，有的形容词可受"有点"的修饰，而有的形容词不能，如"有点大、有点小、有点脏、有点危险、 * 有点干净、 * 有点安全"。造成这种差异的原因是什么？

形容词内部不同形容词之间在语义行为上也存在差异。如"有多高"既可表达满足形容词所述属性的预设的询问，也可表达无预设的询问，而"有多矮"则只能表达满足形容词所述属性的预设的询问。又如，差比句"X 比 Y 高/矮"不预设比较对象 Y 是"高"或"矮"的，但"X 比 Y 优秀/差"往往预设比较对象 Y 是"优秀"或"差"的。为什么会如此？

这些问题过去也有讨论，比如黄国营、石毓智（1993）从标记理论来分析"A 吗""A 不 A""有多 A"问句形式的询问域问题，他们把询问域包括一对反义词所指的范围的用法和有满足形容词所述属性的预设的用法形容词叫有标记的，把询问域仅为该形容词所指范围和无预设用法的形容词叫无标记的，并进一步用量幅来解释。量幅即形容词的程度量级，表现为与副词的搭配关系："最不/十分不/太不/很不/有点不/不/有点/很/太/十分/最"。"干净、安全、容易、高兴、好"等积极义形容词可覆盖整个量级，是全量幅形容词，"脏、危险、困难、难受、坏"等消极义形容词只能与"不/有点/很/太/十分/最"搭配，是半量幅形容词。"半量幅形容词"有预设，如"教室脏吗？"的询问域为"脏"所指范围，是有标记的；"教室干净吗？"的询问域则为"干净/脏"所指范围,是无标记的。

黄国营、石毓智(1993)用量幅来分析形容词有标记和无标记现象很有创意,已走上了分析形容词有标记现象和无标记现象的正确路子上。但在形容词的程度量级的分级上,过于倚重与副词的搭配这样的形式特征,没有注意到"太不、很不、有点不、有点"与形容词的搭配不仅与高低相关,还与形容词的概念义相关。"程度副词+不+消极义形容词"不成立,与程度高低无关,而是与形容词的程度量级的上限、下限有关。因此,所谓全量幅形容词和半量幅形容词与形容词问句的询问域没有直接关系。"干净、安全"被看作全量幅形容词,问句形式"教室干净吗?"的询问域其实并没有涵盖"干净/脏"的所指范围,即问话人期待的回答是"干净"或"不干净",与问"教室脏吗?"期待的回答"脏"或"不脏"是完全平行的。至于不能回答"很不脏"是因为"很不脏"本身不能成立,而不是因为"很不脏"不适合回答。

要精细地分析形容词的程度性,需要参考以 Kennedy & McNally(2005)、Rotstein&Winter(2004)等为代表的程度语义学的理论和方法。罗琼鹏的这本《程度语义学和汉语语法研究》就是借鉴程度语义学理论和方法,研究汉语形容词及相关名词的语义和语法现象的一本专著。这本专著系统介绍了程度语义学的理论和方法,并对汉语中的相关现象作出了精细化的分析。

上面谈到的形容词与不同程度副词的搭配、"有多 A"的高程度预设的内在原因的解释,都可以通过程度语义学的分析得到较好的解释。

为什么形容词大多有成对的反义词?是因为形容词都具有程度性,而程度性体现为某种属性的程度有高低差异的线性量级,这个线性量级的两端就形成语义上的相反关系,形成反义词词对。

程度量级有不同类型。有的程度量级是两端封闭的;有的程度量级的上限封闭,下限开放;有的程度量级上限开放,下限封闭;还有的程度量级两端都开放。"干净、安全、高兴"这类积极义形容词是上限封闭,这类形容词一般可用于"程度副词＋不＋形容词"结构,如"很不干净、太不安全、有点不高兴",但一般不能用于"有点＋形容词"结构,如"*有点干净、*有点安全、*有点高兴"。而"脏、危险、伤心"这类消极义形容词的程度量级是下限封闭的,一般不能用于"程度副词＋不＋形容词"结构,如"*很不脏、*很不危险、*有点不伤心",但可以用于"有点＋形容词"结构,如"有点脏、有点危险、有点伤心"。因此,这些形容词不能与"很不、十分不、有点不、有点"搭配不是因为在程度量级上占据的全部还是部分量幅,而是因为程度量级是上限、下限位置。

"有多 A"句式和差比句的高程度预设问题,同样可以从程度语义学角度得到解释。罗琼鹏认为,正负极形容词的对立源于其在量级结构上的分立:正负极形容词分别对应于某一量级上不同但是互补的区间。正极形容词对应于从零点到某一正数值的封闭的、有限的区间([0, n]),而负极形容词对应于从某一正数值到无穷大的开放的、无限的区间([n, ∞])。由于正极向形容词对应的程度区间有绝对的零点,是从零点到某一正数值的封闭的区间,从理论上来说,任何大于零的正数值都满足高(度)、长(度)、深(度)、宽(度)的描述。正极形容词的这一特性使得它们出现在疑问句和比较句中的时候,不预设相应的个体满足形容词所述的属性。负极向形容词对应的区间没有绝对的零点(起始点),也没有最小值,是一个无限的、开放的空间。这类形容词用于疑问句或者比较句,前提是说话人认为相应的个体具有的程度满足或者超过某一语境决定的比较标准，由此形成满足形容词所述属性的预设。

除了对与形容词的程度性相关分析外，这本书还对名词的程度性作出了很好的分析。包括"很＋名词"结构和"大英雄、大坏蛋"这类"大＋名词"结构。

总之，罗琼鹏的这本《程度语义学与汉语语法研究》，从程度语义学视角，对汉语与程度性有关的形容词、名词的语义和句法作出了深入的、精细化的分析，揭示了不少有价值的现象，并作出了很好的解释。相信读者在读过这本书之后会受到很大的启发。

我和罗琼鹏认识，是在他到北大中文系攻读博士学位时。记得我讲授"语义分析"课时，跟我讨论最多的就是罗琼鹏。下课后他经常走到讲台前来跟我讨论，有时为了表示复杂的语义演算，把黑板都写满了。一讨论就是半小时，甚至从十二点讨论到中午一点多，午饭都错过。后来在写博士论文期间，罗琼鹏也经常到教研室或燕南园我家里来找我讨论他的博士论文。罗琼鹏给我的印象，就是一个痴迷学术的学痴。我当时就预见，他将来一定能在学术上作出令人瞩目的成绩。他的这本学术专著的出版，验证了我当年的预见。

郭　锐

2022 年 7 月 25 日于北京

前　言

等级性(gradability，又译为"级差性"，本书采纳"等级性"的译法)指的是语言表达式的真值不确定，需要依赖于某一比较标准或比较类别。等级性在自然语言中无处不在：等级性不仅是形容词的本质属性之一，相当数量的名词和动词性结构也具有等级性；等级性还体现在元语言层面：说话人对命题内容的信念、态度、立场的坚定与否都有可能涉及等级性。等级性这种真值不确定特性对以真值条件为基石的当代语义学造成了挑战。为缓解真值条件的离散性和等级性真值不确定性这两大张力之间的冲突，当代语言学把"程度"概念引入语义表达体系，发展出一套以程度为核心的新理论思潮，为分析自然语言中与等级性有关的结构，如形容词、修饰结构、各种类型的比较结构等提供了直观的理论工具。以"程度"为核心的理论思潮(本书概称为"程度语义学")已经成为当代语言学中最引人瞩目的研究范式之一，相关研究结论对于语言研究的各方面——尤其是语义学和句法—语义界面理论——产生了深远的影响。

早在 2008 年的时候，我参加了在德国汉堡大学举办的"欧洲逻辑、语言与信息暑期学校"(European Summer School in Logic, Language, and Information)以及在荷兰蒂尔堡大学举办的"荷兰语言学寒假学校"(Winter School of Netherlands Graduate School of Linguistics），修习了有关程度语义学的相关课程，就开始关注程度语义学的相关问题，开始思考如何将程度语义学的相关理论应用于汉语。这一研究有两个主要目标：（一）考察汉语中的相关现象，尤其是汉语语法研究中的难点问题，如何能通过引入程度语义学的视角得到更好的解释；（二）程度语义学整体而言是一种新兴的理论思潮，其核心假设和理论工具仍在不断修改和完善之中，所以，基于汉语的分析有可能为丰富和完善程度语义学理论做出来自汉语的贡献提供新的契机。收录在这本集子的论文，主要是我自 2015—2020 年在这一领域以中文发表的论文。这些论文代表了我对相关问题的阶段性的、有可能是不成熟的思考，供对这一领域有兴趣的学者参考。

本书在编排上，除了第一章和最后一章，其他全部按照研究课题排列，各章自成体系，并无严格的先后之分。读者可以根据自己的研究兴趣，抽取其中的任意章节进行阅读。为了保持本书内容忠实呈现我阶段性的思考，在编辑的时候，各章内容尽量保持了它们原始发表时的面貌。感谢发表本书各章节内容的各家期刊以及各位审稿专家。正是他们对这个课题的兴趣和支持让我的一些不成熟的思考有了面世和接受学界批评的机会。

本书文字所包含的思想能够最终成型和成文，得益于很多人的帮助。首先我要感谢美国芝加哥大学的 Chris Kennedy 教授。和 Chris 相交相识多年，感谢他多次就包括但不限于本书所列的研究给予的各种建设性的意见以及持续多年的鼓励和支持。感谢若干同事和好友在不同阶段的建设性意见和有益的反馈，他们包括（但不限于）（按姓氏音序排列，下同）：台湾政治大学的陈奕勋博士、清华大学的邓盾教授、美国印第安纳大学的 Thomas Grano 教授、广东外语外贸大学的李昊泽博士、美国纽约城市大学皇后学院的李晓教授、中国社会科学院语言研究所的彭馨葭博士、中国社会科学院语言研究所的完权研究员、南京理工大学的王晨博士、台湾师范大学的谢妙玲教授、美国俄亥俄州立大学的解志国教授，以及我在南京大学的同事张安琪博士、张翼教授等。感谢师长辈的学者如台湾东海大学的何万顺教授、台湾"中研院"语言学研究所的林若望教授、西班牙庞培法布拉大学的 Louise McNally 教授、荷兰乌特列支大学的 Rick Nouwen 教授、南京大学的张建军教授、台湾中正大学的张宁教授等的建议和指导。感谢我在南京大学所指导的或修读过相关课程的各位同学，包括（但不限于）：曹育珍、杜雨桥、刘智浪、刘凡、牛霄霖、孙叶楠、王宇婷、王蕴寰、王之媛、夏小雨、于佳杏、张晨阳等。感谢我在北京大学求学时的恩师郭锐教授百忙之中欣然答应为本书作序。我还要感谢为本书出版付出了辛勤汗水的南京大学出版社马蓝婕女士、刘丹女士以及参与校对的南京大学文学院语言学专业 2020 级硕士研究生牛霄霖。最后，我还要感谢徐兴无教授百忙之中为本书题字。毫无疑问，以上提到的所有人和本书的疏漏和错误无关。本书中出现的所有疏漏和错误皆我一人之责。

　　本书部分内容在写作阶段得到了国家社科基金一般项目（16BYY006）的支持。本书的出版得到了南京大学文科"双一流"建设中长期研究专项"汉语语义研究以及面向新时代的汉语语法理论创新"项目的支持。感谢南京大学文学院为我的研究和教学所提供的各种支持和关怀！

　　因为笔者水平有限，书中错误和疏漏在所难免。将程度语义学应用于汉语研究是一项全新的事业，还有很多领域有待进一步的耕耘和拓展。恳请读者批评指出，以便我们可以合力去深化和推动相关领域的研究。

罗琼鹏

2022 年 3 月于南京仙林

目　录

第 1 章　绪论

1.1　研究缘起

等级性在自然语言中无处不在。和形容词相关的各种修饰结构，如"张三高两米、张三两米高、张三比李四高、张三真高、张三越来越高了、张三有多高"等等都和等级性有关。人类对等级性的认识最早可以追溯到古希腊时期。古希腊逻辑学家欧布里德曾提出了对语言学和逻辑学影响深远的累积悖论（Sōritēs Paradox）。汉语中几乎所有的性质形容词（如"高、矮、多、少"等）都会导致累积悖论，如：

(1) 累积悖论

　a) 大前提：身高 200 厘米是高的；

　b) 小前提：如果身高 n 厘米是高的，则有 (n－1) 厘米也是高的（199 厘米，198 厘米，…）；

　c) 结论：依此类推，身高 70 厘米也是高的。

如 (1) 所示的大小前提都正确，但是结论显然不能被接受，导致了悖论。累积悖论体现了人类认识的含糊性。罗素曾思考了含糊表达如何能得到精确的语义分析的问题(Russell 1923)。含糊性和自然语言中的等级性表达密切相关。

等级性表达式一般具有三个特征:(a) 个体或者事物的属性存在程度上的差异;(b) 允许边界例子的存在;(c) 其真值判断通常依赖于语境(提供的比较标准)(Kennedy 2001,2007;罗琼鹏 2016,2017,2018 等)。"小张身高一米八五,小张很高",就国人的平均身高而言,这句话为真;但是如果把小张和 NBA 球员比较,真值就会改变。自然语言中有一系列的结构,其语义和等级性(程度差异)有系统的关联,如:

(2) 部分与等级性有关的现象
　　a) 副词和形容词的搭配限制及语义蕴含关系,例:差不多安全(了),*差不多危险(了);
　　b) 比较结构("比"字比较句、差比句等);
　　c) 形容词和度量短语的搭配限制,例:"三米高/??三块钱贵"的对立;
　　d) 名词的等级性,例:"大/小"不对称现象,"大十时间名词(的)";
　　e) 程度副词的分类及其语义理据问题;等等。

这些现象的共同之处在于:(a) 是否具有等级性(程度差异)是形容词能否被程度副词修饰、能否进入比较结构的重要因素;(b) 和等级性相关联的概念是量级(scale)和维度,不同的维度会导致不同的量级,量级结构的不同导致了副词、度量短语和形容词的搭配限制的不同。等级性是否具有明确的真值条件,并用逻辑式表示是语义学中的一个久远的议题。目前关于这一议题最热门的理论框架是程度语义学(Degree Semantics)。

程度语义学可以追溯到罗素对含糊表达的哲学思考和 Sapir (1944)对自然语言中的分级性现象的研究(早期研究还可见 Bolinger 1972)。Cresswell(1976)把"程度"作为语义论元引入语义学,建立了一套基于真值条件的语义体系的雏形。von Stechow (1984)把程度的概念拓展到比较结构,让更多学者关注这一课题。此后,在以 Kennedy、Rett、Morzycki 为代表的年轻一代学者的努力下(Kennedy 1999, 2001, 2007, 2013; Kennedy and McNally 2005; Rett 2014; Morzycki 2015 等),程度语义学与等级性已成为 21 世纪第一个十年来的一个重要新兴课题,是欧美很多大学语言学的在研课题。

出于种种原因,目前国内尚缺乏在程度语义学这一理论框架内对等级性的系统的研究。当然,相关语言现象早已为前辈和当代学者所注意到。早在 1950 年代,国内学者就注意到形容词、副词的语法分布、搭配限制与程度有关。朱德熙先生提出了形容词依据其内部语义差别,可以分为性质形容词和状态形容词(朱德熙 1956),吕叔湘先生也观察到了形容词和副词的语义有系统的差异(吕叔湘 1966;陆俭明 1982)。周小兵(1995)提出了程度副词依据量幅,还可以进行更精细的分类。21 世纪第一个十年以来,学者们在程度副词和形容词的语法分布及其语义之间的相关性的研究上,取得了丰硕的成果。一些代表性的研究如:郭锐 (2002)考察了副词和形容词的语义分类标准;张国宪 (2006)考察了形容词的句法功能及其语义之间的关联性;邢福义(2012)注意到了许多关于测量短语和形容词的搭配限制现象。张谊生（2004,2010）对副词和形容词的程度语义进行了全方位的考察（包括搭配限制、语法化、主观化等方面），提出了一些非常有意义的观察结论和分析。汉语等级性现象也引起了海外学者的关注。Xiang（2005）较早把程度理论框架应用于汉语比较结构，并尝试建立"比"字比较句和及物比较句（"晓丽高玛丽三厘米"）之间的联系。Lin（2009）从语义类型学的角度考察了汉语"比"字比较句，提出汉语比较句都是短语比较结构。Liu（2011）提出"混合分析法"，主张依据句子中比较标准出现的多少，汉语比较句可以是短语比较，也可以是子句比较。Grano（2011），Grano and Kennedy（2012）考察了汉语中的及物比较句、"很＋谓词"结构的类型学价值。Li（2015）研究了汉语中"多"引导的动词差比结构（"张三比李四多买了三本书"），提出了"匹配"的概念。在海外汉语语言学界，对包括比较结构在内的各类汉语等级性现象的研究逐渐成为一股新的热潮。

　　但纵览文献，我们发现当前研究仍然面临一定的**问题与挑战**：（1）传统研究对等级性、程度、量级等的概念，欠缺可以归结到真值条件的、用逻辑式表示的定义，欠缺纵览全局、系统性的、具有高度一致性的理论框架的指引；（2）因为研究传统的不同和缺乏形式化的理论框架的指引，国内学者的诸多宝贵的研究结论并没有为国际主流语言学界所了解和接受，客观上影响了汉语语义学的发展，汉语语言学在程度语义学这一新兴理论的发展过程中没有起到应有的贡献，海内外不同研究汉语的传统没有很好地结合；（3）和等级性有关的一些具体问题仍然有待进一步的分析。

　　有鉴于此，全面、系统地将程度语义学理论框架引入汉语语法研究是有必要的。就方法论和理论价值而言，这一研究还具有以下的**价值**：（1）不同研究传统殊途同归，根本目的都是要寻找不同结构、不同现象、不同语言背后的共同机制。本课题可以促进不同研究传统的合流，让国内的诸多宝贵的观察结论为国际主流语言学研究所认识。（2）为汉语研究提供新的理论工具。程度语义学对程度、量级等概念有精确定义，提供了简单明了的分析工具，有助于对纷繁复杂的语义现象进行有效的归纳和整理。（3）程度语义学不但能更好地描写汉语，还能有助于解决汉语语法中的一些疑难问题。（4）程度语义学作为一种正在发展中的理论，其核心假设和技术细节需要更多语言的事实的检验和修正。对汉语相关现象的研究可以对这一正在发展中的理论做出贡献。（5）本课题还具有跨学科的价值：含糊性是语言哲学和逻辑学中的热门题目，只有对语言中的等级性本质有清楚的认识，才能加深对含糊性的本质的认识。（6）本课题的研究成果还能更好地应用于人工智能对自然语言意义的处理。

1.2　研究内容

我们将立足于汉语基本事实，在系统、全面地总结和梳理 21 世纪第一个 10 年以来程度语义学领域重要研究文献的基础上，择优取精，将一些最重要、最前沿、最有普遍价值的成果与汉语现象相结合，试图对汉语语言学中的一些经典问题开展研究，提供新的解决方案，同时提高汉语研究的理论水平。本书主要关注以下几个问题。

1. 等级性词语的语义刻画问题　在传统的分析中，具有"程度差异"被认为是形容词的本质属性。何谓"程度"？程度是否具有本体论的地位？程度差异能否用可以归结为真值条件的逻辑式来表示?

2. 副词和形容词的不同搭配限制与语义蕴含关系　形容词和副词有不同的搭配限制[差不多安全(了)/＊差不多危险(了)]。形容词内部要进行更细致的分类。什么样的分类更具有语义理据性?

3. 程度副词的分类及其语义理据　当前对程度副词的分类的主要方法是依据程度的量幅把它们分为依次递降的小类(超量级—极量级—高量级—低量级)。"超、极、高"之间的界限在哪里?为什么同一类的程度副词在语法分布和语义蕴含上面存在差异?如"很"和"好"都可以修饰形容词,但是它们的分布不同。"好"系统性的排斥命题真值不能被确定的非真语境(nonveridical contexts),如否定句、可能情态句、条件句、疑问句等。类似现象文献中虽然有所记载,但是缺乏深刻的解释。

　　(3) 否定句:晓丽不{很/＊好}漂亮。

　　　　可能情态句:晓丽可能{很/＊好}漂亮。

　　　　条件句:如果晓丽{很/＊好}漂亮,就不愁嫁不出去了。

　　　　疑问句:晓丽{很/＊好}漂亮吗?

4. 汉语比较句的语义问题　汉语比较句(如"张三比李四高")具有什么样的句法和语义?其语义组合是怎么完成的?汉语比较句是否都具有同样的语义机制?该从什么角度对汉语中各种类型的比较句作出统一的分析?

5. 名词的等级性　名词是否具有等级性?名词的等级性和动词等级性有什么不同?我们将从"大/小"不对称问题入手考察名词的等级性。所谓"大/小"不对称问题,指的是"大/小＋NP"在语义上不对称,如"大笨蛋"和笨蛋的个子或者年龄无关,只表示笨的程度高;"小笨蛋"则只表示笨蛋的个子或者年龄小,和程度无关。类似的问题还有"大+时间名词(的)",如可以说"大过年的",不说"大清明节的"。这些现象背后的机制是什么?

除了上述问题之外,本课题还会关注**程度和测量之间的关系**、**主观意义和程度的关联性**、**数量结构的语义**等问题。

本书将围绕等级性(程度与量级)这一核心概念,对副词和形容词之间的不同搭配限制、副词内部的语义差异、某些特殊的比较结构进行考察,提出一套可以更好地描写汉语,同时又可以归结为真值条件、用逻辑式表示的语义体系。

1.3　思路方法

1. 理论框架　本书的理论框架是程度语义学。程度语义学中最核心的概念是"程度"和"量级"。程度犹如尺子上的刻度,量级则是这把尺子。刻度$(1,2,3,4,\cdots,20)$之间构成偏序关系:$1<2<3<\cdots<20$。如果用 d 表示程度,则 $d_1<d_2<\cdots<d_n$。偏序关系(用"$<$"表示)满足定义(4)。呈线性排列的、相连接的程度的集合依据某一维度构成了量级(5)。

　　(4) 偏序关系

　　　　a)"$<$"满足传递性:$\forall d_1, d_2, d_3[d_1<d_2 \wedge d_2<d_3 \rightarrow d_1<d_3]$;

　　　　b)"$<$"满足非对称性:$\forall d_1, d_2[d_1<d_2 \rightarrow d_2 \not< d_1]$;

　　　　c)"$<$"满足反自反性:$\forall d[d \not< d]$。

$$(5) \quad S \begin{cases} d_n \\ \cdots \\ d_3 \\ d_2 \\ d_1 \\ d_0 \end{cases}$$

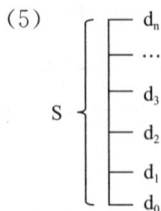

　　程度语义学和传统的语义学理论的最大的区别在于：(a)"程度"作为语义论元被赋予了<u>本体</u>地位，是语义表达的要素之一；(b) 等级性表达式天生带有"程度"论元。这一手段能更直观地表述等级性表达式的语义。下面以形容词的语义表述和程度副词修饰形容词结构的语义组合为例来说明（关于程度语义学的更多介绍请见第 2 章）。

　　2. 等级性形容词的语义刻画　　等级性形容词的语义中都包含程度论元："高"表示个体具有的高度达到一定的<u>程度</u>；"漂亮"是指个体的颜值达到一定的<u>程度</u>。程度可以用 d 直观表述。形容词是从个体到程度的函数（语义类型：$<d, <e,t>>$）。如果用 G 表示形容词，DIM 表示维度，形容词的语义表达如(6)：

　　(6) a. $[[G]] = \lambda d : d \in D_d . \lambda x : d \in D_e . \mathbf{DIM_G}(x) \geqslant d$

　　　　b. $[[高]] = \lambda d \lambda x . \mathbf{height}(x) \geqslant d$

　　　　c. $[[聪明]] = \lambda d \lambda x . \mathbf{intelligence}(x) \geqslant d$

　　程度副词则以形容词为论元，表示个体 x 在 G 所指称的量级上具有程度超过某一标准。程度副词的语义如(7)所示：

　　(7) $[[\Delta]] = \lambda G \lambda x \exists d [G(x)(d) \wedge d \geqslant \mathbf{standard}(G)]$

程度论元可以被比较，被实现，被操作。比较结构体现了程度之间的比较。测量短语在语义上指称程度，它们可以和形容词组合。程度副词是对量级上的程度操作的算子。采纳程度的概念，这些结构的语义分析可以直观地表示如(8)：

(8) a. [[张三比李四高两厘米]] 为真当且仅当：$\mathbf{max}$（$\{d$：张三具有高度 $d\}$）－$\mathbf{max}$（$\{d$：李四具有高度 $d\}$）$\geqslant 2\text{cm}$（＝$\mathbf{height}$（张三）$\geqslant \mathbf{height}$（李四）＋$2\text{cm}$）

b. [[张三高两米]] 为真当且仅当：$\mathbf{max}$（$\{d$：张三具有高度 $d\}$）$\geqslant 2\text{m}$（＝$\mathbf{height}$（张三）$\geqslant 2\text{ m}$）

c. [[张三很高]] 为真当且仅当：$\exists d\,[\mathbf{height}$（张三）$(d)\wedge d\geqslant !\ s]$（！$s$：某一语境决定的标准）

3. 副词和形容词的不同搭配限制及语义蕴含关系　量级模型为进一步揭示形容词的语义本质提供新的理论工具，为形容词的分类提供了更具原则性的语义理据。量级结构有四种类型：有的量级上的程度有上限（顶端封闭型），有的只有下限（底部封闭型），有的既有上限又有下限（两端封闭型），有的既没有上限也没有下限（两端开放型）。这四种类型分别如(9a—d)所示：

(9)

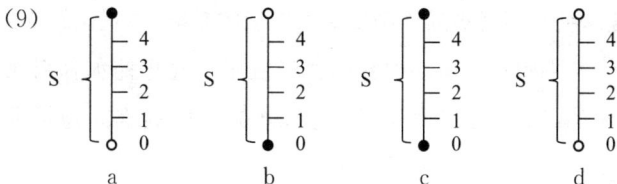

形容词相应的可以分为四类。有的形容词的量级上的程度有上限（如"满、闭、安全"），有的没有上限也没有下限（"聪明、高、矮"），有的有下限（"假、湿、危险"等），有的既有上限也有下限。封闭型的形容词可以用"半"来修饰，开放型的形容词则不行（"门半开着/*晓丽半高"）。"差不多"可以修饰具有上限的形容词["差不多安全（了）"]，但是不能修饰具有下限的形容词["*差不多危险（了）"]。用这一思路分析充当形容词的"真""假"和其他形容词之间的差异是切实可行的。

4. 程度副词的分类及其语义理据 程度副词的语义共性在于它们都是对量级上的程度进行操作的算子，它们的个性差异则可以归结为它们所选择的比较标准的不同或者选择方式的不同。以"很"和"挺"为例，它们的语义表达分别如（10a—b）所示：

$$(10)\ a.\ [[\ 很\ ]] = \lambda G_{<d,\ et>}\lambda x.\ \exists d\ [G(x)(d) \wedge d \geqslant \textbf{Norm}(G)]$$

$$b.\ [[\ 挺\ ]] = \lambda G_{<d,\ et>}\lambda x.\ \exists C' \exists d\ [C' \subseteq C \wedge G_C(x)(d) \wedge d \geqslant \textbf{Standard}_{C'}(G)]$$

"很"和"挺"的差异在于它们选择的比较标准不同："很"总是和某一基准（Norm）相关；而"挺"则和由语境、说话人等因素决定的具有显著性（saliency）的标准相关。这一差异导致了"很"的程度高于"挺"，而且后者更易受到说话人因素的影响，主观化的意义更明显。

本书将在后面的内容中详细展示上述思路如何对汉语等级性现象的研究提供新的分析工具，并为一些疑难问题提供新的解决方案。

1.4 本书结构

本书的各个部分按照研究课题排列。这种排列方法的优点是各章整合起来形成一个有机整体,但分散起来又独立成篇。读者既可以将整本书从头至尾进行阅读,又可以选取自己感兴趣的题目,只读某一章。

各章内容如下:

第 1 章是"绪论"部分,主要交代研究缘起、研究内容(问题)以及思路方法等。

第 2 章为理论背景介绍部分。这一章介绍 21 世纪以来关于程度语义学的基本观点、核心概念和主要技术手段。程度语义学不是一种单一的理论,而是以"程度"概念为核心,以等级性现象为主要研究对象的一种理论思潮。本书尽可能呈现这一理论思潮中接受度最高、最具跨语言普遍性的研究结论和成果。本书采纳的"程度"指的是对"量的测量的抽象表达(the abstract representation of measurement)"(Kennedy and McNally 2005)。本书主要以英语和汉语语料(尤其是前者)来介绍程度语义学。

第 3 章题为"量级结构与汉语性质形容词分类"。这一章主要将程度语义学中关于程度和量级的概念应用于汉语形容词的语义分析,为汉语形容词内部分类提供更具原则性的语义理据。根据量级上的程度是否具有上限和下限,以及形容词所引导的量级结构的不同,本书把形容词分为绝对形容词和相对形容词,前者所引导的量级上的程度或者有上限,或者有下限,或既有上限又有下限,后者所引导的量级上的程度既没有上限,也没有下限。这一思路为更深入地探索形容词的语义本质提供了新的方向。

第 4 章题为"形容词个案研究：程度、量级与'真'和'假'的语义"。形容词"真、假"是否具有程度差异是汉语语法中的一个疑难问题。学者们对于这一议题形成了两个截然不同的阵营。但这两种思路都有问题。主张"真、假"没有程度差异的观点很难说明"真、假"可以用于比较句、感叹句，被程度副词修饰等现象。主张"真、假"具有程度差异，和其他性质形容词一样的观点则很难说明"真、假"和其他性质形容词（如"美、矮、丑、胖、瘦、漂亮、聪明"等）的差异。引入程度和量级的思路可以为这一疑难问题提供更具原则性的说明。

第 5 章题为"程度副词修饰形容词结构的语义研究：以'真假'组合为例"。程度语义学也为分析程度副词修饰形容词结构的语义组合提供了直观的工具。程度副词的语义本质是对形容词所引导的量级结构上的程度进行操作，并与某一比较标准进行联系。本书将通过"真假"这一表面上迥异于其他程度副词修饰形容词结构的个案进行分析，证明所有的副词修饰形容词的结构在语义上具有共性。

第 6 章为"程度与主观评价：主观程度副词的语义分析"。有些程度副词仅有程度意义，如"很"。但还有很多程度副词，既有程度意义，又传递说话人的主观评价和判断，如"挺、老、怪"等。这类副词的语义问题该如何处理？本书将程度和主观评价相结合，提出运用一种基于多维度语义学（multi-dimensional semantics）的思路对这类主观评价副词进行研究。

第 7 章题为"程度视角下的汉语比较结构研究"。这一章主要以"比"字比较句为研究对象，考察汉语比较结构的句法和语义。主要结论如下：汉语"比"字比较句要求比较目标和比较标准满足平行性条件；比较句中的反身代词"自己"允许宽泛解读；比较句呈现重构效应。这些现象对短语比较分析和伴随结构分析提出了挑战，但可以在子句比较中得到直观的处理。在句法上，"比"字比较句的底层结构是"［比较目标［比较谓词］］比［比较标准［比较谓词］］"，其中的比较谓词在句法生成中发生了受语义等同条件驱动的平行删除操作；在语义上，"比"是连接程度的二元谓词，表示程度之间不对称的顺序关系。

第 8 章题为"程度比较的跨语言类型：以英汉语量级等比句为例"，主要从跨语言角度考察英汉语等比句的语义问题。英汉语量级等比句有共同的语义构件，表达相似的真值条件，但它们在形态句法上存在一系列系统性的差异。这一系列差异可以归结为两类"程度"概念的分立：一类程度表示对量的测量，对应于实数的集合；另一类表示量的名物化，对应于抽象的类。采纳前者的比较句，比较语义通过（非）对称顺序关系实现；采纳后者的比较句，比较语义通过类所具属性之相似比较实现。这一分析准确预测了英汉语具有不同的句法组构关系和语义组合方式：和英语不同，汉语等比句在句法上是一种广义的修饰结构，在语义组合上采取交集类操作。这一结论表明语义学在形态句法变异中起更为直接的作用，某些跨语言的形态句法变异，应该归结于深层（词汇）语义概念的对立。

第 9 章题为"名词的程度与等级性"，考察名词的等级性与跨范畴的平行性。具有程度解读的汉语名词（如"美女、教授、人物"等）可以分为两种类型：第一类以"美女、天才"等为代表，它们自身的词汇语义提供了构建相应的量级结构所需要的维度，并且要求具有的程度满足最小标准；第二类以"人物、故事"等为代表，这类名词自身的词汇语义不提供构建相应的量级结构所需要的维度，而相应维度由语用（语境）提供，并且不要求满足最小标准。本章的研究表明，名词领域不但具有等级性，而且像形容词一样，内部存在更精微的分类。形容词和名词领域的等级性具有跨范畴的平行性。

第 10 章题为"等级性、量级与'很＋名词'结构的语义分析"，从程度语义学的角度考察"很＋名词"这样的副名组合的语义问题（章名：等级性、量级与'很＋名词'结构的语义分析"）。主要关注三个问题：(a) 名词与"很"组合的语义基础是什么？(b) 为何不同名词与"很"组合的能力存在差异？(c) 名词与形容词在语义上的重合与差异。文章指出名词的等级性是它们与"很"组合的语义基础。名词的等级性源自名词所指对象在各维度上和原型的平均相似度。依据平均相似度计算方式的不同，名词内部可以划分出两个次类："加法相似性"名词，主要为表示人类社会生活、评价、活动等的 N_S 型名词，这类名词的各个维度趋向于独立，名词范畴的确立基于个体在各维度上和原型的相似度的加权和；"乘法相似性名词"，主要为表示自然界有形或无形实体的 N_N 型名词，这些名词的各维度之间交互性高，名词范畴的确立基于个体在各维度上和原型的相似度的加权积。前者比后者更容易受到量级压制，因而更容易生成可以被"很"作用的量级结构。名词和形容词对应于不同的测量尺度和测量量级：名词对应于定序测量，只能表达个体之间的先后顺序，而形容词对应于定差或定比测量，既可以表示个体之间的先后顺序，又能表示个体之间的程度值之差。这一分析为充分说明名词和形容词在语义上的重合与差异提供了新的思路。

第 11 章题为"程度、测量以及形容词的极性对立问题"。形容词在意义上属于同一类，但极性不同的形容词在语法分布和语义蕴含上存在一系列的对立。本书提出这一对立的根本原因在于正负极形容词分别对应于量级上不同但是互补的区间：正极形容词对应于从零点到某一正数值的封闭的、有限的区间（$[0,n]$），而负极形容词对应于从某一正数值到无穷大的开放的、无限的区间（$[n,\infty]$）。前者有最小值或者客观意义上的零点，而后者没有最小值，也缺乏客观意义上的零点。文章详细阐述了这一基于量级结构的分析如何针对极性不同的形容词在句法和语义上一系列的差异做出更准确的预测和合理的解释。

第 12 章是结语部分，主要对全书内容进行总结，并展望未来研究方向。

第 2 章　等级性现象与程度语义学

2.1　引言

"度"在人类认知世界中无处不在。凡事物性质或性状皆有"度"，存在程度差异，界限微妙，由是高矮之间没有绝对，美丑之间无法明言。这一特性衍生出两个在当代语言学、语言哲学、逻辑学中举足轻重的概念：含糊性（vagueness）和等级性（gradability），前者指的是概念真值的界限判定不明确，后者指的是概念真值的确定存在程度差异，依赖于某一比较标准或比较类别。前者是语言哲学和逻辑学中的中心概念，后者则是语言学界（尤其是语义学界）关注的焦点①。文献中对等级性现象的探索最早可以追溯到古希腊麦加拉学派的欧布里德斯（Eubulides of Miletus）提出的"累积悖论"（The Sôritês Paradox）。在结构主义语言学兴盛的年代，中西方多位著名学者都对等级性现象有过记载和思考。Sapir（1944）观察到等级性

---

① 当代语言哲学和逻辑学对含糊性的探索可以追溯到 Russell（1923）。虽然含糊和等级性之间存在许多交叉的情况（见 Kamp & Sassoon 2016），但两者的侧重方向不同：语言哲学界和逻辑学界关注含糊性甚于等级性（国外经典文献可见 Williamson 1994；国内文献可以参考张乔 1998，伍铁平 2000），而语言学界（尤其是语义学界）则关注等级性甚于含糊性（相关历史背景梳理见 Morzycki 2016）。

现象在自然语言中的普遍性,力图将其纳入语言学的研究视野:
"[…语言表达…],不管指称个体、事件、个体的性质,还是事件的性质,都具有等级性"(Sapir 1944:94)。无独有偶,吕叔湘(1944)也指出形容词的程度差异(等级性):

> 一般说起来,物件有数量,性状无数量……我们说深浅是程度的差别。其实程度的差别也就是数量的差别。[吕叔湘1944(1956):147]

Bolinger(1972)对英语中的等级性现象做了详尽的描写和归纳。这些研究,无疑为后来者指明了方向①。

近年来,围绕等级性的研究逐渐演化为一种新的理论思潮——程度语义学(Degree Semantics)。和以往的语义理论不同,程度语义学把"程度"作为原始概念纳入表达体系,极大地丰富了语义理论的内涵,扩展了语义理论的表达手段,拓宽了语义学的研究视野(Seuren 1973;Cresswell 1976;Klein 1980;von Stechow 1984;Kennedy 1999,2007;Kennedy & McNally 2005;Lassiter 2015;Morzycki 2016;McNally 2016 等)。程度语义学不但为如何刻画"等级性"这一历史性课题提供了新的分析思路,还将一些被忽视的语言现象纳入了语言学的研究范围。在这一理论框架下,学者们对形容词、动词、名词的等级性、各种类型的比较结构(等比句、差比句、最高级比较句)、感叹句等进行了系统的研究,取得了一系列丰硕的成果。虽然等级性一直是国外语义学界的重点研究课题,程度语言学也

① 吕叔湘曾提出等级性可以用数量单位来刻画。这一思路和程度语义学对程度的刻画不谋而合。详见下文。

备受瞩目,但是国内学界在这方面系统的研究还较为缺乏。如何让程度语义学理论与国内语言学界更紧密地结合,在提升汉语语言学研究理论水平的同时,用包含汉语在内的跨语言事实为这一正在发展中的理论做出检验、修正以及推动其发展,是国内语言学界所面临的重要课题。

本章将围绕等级性的语义特性、形容词的等级性、各种类型的比较结构、跨范畴的等级性等领域,系统介绍程度语义学的主要思路、技术手段与分析方法,讨论程度语义学如何对这些现象提供新的视角与重新思考。本章还将结合汉语语料,指出当前程度语义学理论所面临的挑战,并展望未来发展方向。限于篇幅,本章语料以英语为主。

2.2　等级性的语义特性

自然语言中有些表达式真值的确定由其规约意义决定[A king is (not) male/A bachelor is an unmarried man],但也有许多表达式真值的确定存在程度差异,依赖于某一语境提供的比较标准,因语境的不同而不同。张教授在北京有两套学区房,依据不同比较标准,句子(1)可以同时为真或为假:

  (1) 张教授有两套学区房,所以,张教授很富有。
   a. 为真:相对于广大工薪阶层来说。
   b. 为假:相对于马云们来说。

上述真值条件依赖于某一语境提供的比较标准的现象,叫作等级性现象。等级性现象是认知上的含糊性在自然语言中的直接反映。典型的等级性现象，因而也具有含糊性的一些特征，譬如除了真值条件确定存在程度差异之外，一般会导致累积悖论，具有渐变性、允许边缘个体的存在等。

首先，等级性表达式一般会导致累积悖论。经典的累积悖论的表述如下：

（2）a. 大前提：如果 100000 粒沙子构成一堆沙子；

　　　b. 小前提：那么，从 100000 粒沙子中拿出一粒沙子，剩下的 99999 粒沙子构成一堆沙子，依此类推，"n－1" 粒沙子总是一堆沙子；

　　　c. 结论：5 粒沙子也是一堆沙子。

累积悖论是从一个正确的大前提、一个看似正确的小前提，得到一个错误的结论。这一悖论的产生主要是因为人们对于某一事物界定的限界不清楚导致。许多形容词会导致累积悖论。以形容词"高"为例：

（3）a. 大前提：具有高度 $\delta = 2$ 米为高；

　　　b. 小前提：比 2 米少 1 厘米也为高，比如身高 199 厘米的人也是高的，依此类推，（$\delta - n$ 厘米）都为高；

　　　c. 结论：所有人都是高的，如身高 100 厘米的人。

如（3）所示，大小前提都正确，但是结论显然不能被接受。类似的悖论可以推及自然语言中绝大多数的形容词。

其次，等级性表达式所表示的概念，在认知上是含糊的、没有明确的分界点。比如"郊区"和"城区"。北京昌平区毫无疑问属于郊区，西城区属于城区，但对于沙河镇是属于郊区还是城区，恐怕要打一个大大的问号。郊区和城区没有明确的界限，因而允许"这个地方很郊区"这样的表达式（桂诗春 1995）。

再次，等级性表达式所表示的概念，一般允许边缘个体的存在。对于一个成年人来说，一米八五显然是高的，一米五显然是矮的，但是对于一米七四的人来说，"X 高"的真值很难界定。下面来源于网络的英汉语语料表明，这一特性不因语言而异：

（4）I've never seen some man look so young yet so old, so feminine yet so masculine, so beautiful yet so ugly. I'm truly disturbed.（我从来没见过任何一个人长得这么年轻却又这么老，这么女人味却又这么阳刚，这么美却又这么丑。我被震惊了。）（来源：网络语料）

等级性现象在自然语言中普遍存在。绝大多数的形容词（pretty, ugly, tall, short, wide, narrow 等），相当数量的动词（believe, love, hate, like 等）和名词（idiot, genius, hero 等）都具有等级性。自然语言中有一系列的句法和形态特征和等级性存在系统性的关联。一般来说，等级性表达式可以被程度副词和测量短语等修饰，可以进入各种类型的比较结构、感叹句、程度问句等。下面的英汉语语料表明，这些特征具有跨语言的普遍性（英语语料采自 McNally 2016）：

（5）a. 6 feet tall（6 英寸高）

　　　b. to like a lot（很/非常喜欢）

（6）very/slightly/extremely warm（很/有点/极端温暖）

（7）a. bigger/more difficult than we expect（比我们预期难）

　　　b. as happy as we are（像我们一样高兴）

　　　c. less necessary than many other things（不及其他事情必要）

　　　d. so tiny that it cannot be seen（太小了以致看不见）

　　　e. expensive enough that almost nobody could buy it（太贵了以致没人买得起）

（8）a huge/tremendous idiot（一个大笨蛋）

（9）How tall is Clyde?（Clyde 有多高?）

　　等级性对语义学的挑战是显而易见的。从 Frege 发表 *Über Sinn und Bedeutung*（1892）以来,语言学家开始尝试对自然语言意义进行形式化刻画,并建立一套可以用逻辑式来表示的体系。在此基础上,Davidson 重新定义了"意义",主张意义即真值条件（Davidson 1967）。经过半个多世纪的发展,真值条件语义学已经成为当代语义学的基石。然而,这一主张和等级性存在天然的冲突:真值条件具有离散性,而等级性表达式具有渐变性,没有明确的界限。如何缓解这两种张力之间的冲突,并对自然语言中的等级性现象做出更明确的语义分析,是横亘在语义学家面前的一个艰巨的任务。诞生于 20 世纪 70 至 80 年代,近十年来获得突破性进展的程度语义学为这一历史性课题的处理提供了新的视角。和传统的语义学理论不同,程度语义学把抽象的"程度"作为语义要素引入了语义表达体系,尝试针对等级性现象建立一套基于真值条件的表述体系。和以往的事件语义学、情景语义学、可能世界语义学等一样,程度语义学丰富了语义学的表述工具,拓宽了语义学的研究范围。下面先简要介绍程度语义学的基本思路和主要技术手段,然后讨论其适用范围。

2.3　程度语义学

程度语义学的出发点是为了刻画事物抽象的"量"。量是人类认知的一个重要范畴,一切事物都是质和量的统一体,一切质都可以用量来表现,一切量都依赖于一定质而存在。无论是物质实体、动作行为还是性质状态都受到量的约束(Sapir 1944)[①]。一些学者因而主张把程度定义为对事物或个体某一属性的量的测量的**抽象表达**(abstract representation of measurement)(Seuren 1973;Cresswell 1976;von Stechow 1984;Kennedy & McNally 2005)[②]。形象一点说,因为测量离不开(抽象的)尺子,可以把程度理解为尺子上的刻度(points)。刻度之间满足偏序关系(partially ordered relations)。用 d 表示程度,可以得到 $d_1 \leqslant d_2 \leqslant \cdots \leqslant d_n$,即程度集合满足自反性、反对性和传递性:

---

　① Sapir(1944)尝试用量来定义等级性:"every quantifiable, whether existent (say *house*) or occurrent (say *run*) or quality of existent (say *red*) or quality of occurrent (say *gracefully*), is intrinsically gradable"(p. 94)。

　② 早期的程度语义学文献中,对"程度"的定义并不完全一致。比如 Cresswell (1976)用等价类(equivalence class)来定义程度。等价类是集合中的一个概念,属于统一等价类的成员之间满足自反性、及物性和对称性。von Stechow(1984)则主张用更为简单的"刻度"(points)来表示程度。本章主要采纳后一种观点。

(10) a. 自反性(reflexive)：$\forall d(d\leqslant d)$(任意 d：$d\leqslant d$)

　　　b. 反对称性(anti-symmetrical)：$\forall d_1，d_2(d_1\leqslant d_2\wedge d_2\leqslant d_1\rightarrow d_1=d_2)$

　　　c. 传递性(transitive)：$\forall d_1，d_2，d_3(d_1\leqslant d_2\wedge d_2\leqslant d_3\rightarrow d_1\leqslant d_3)$

就每一个程度而言，必须和另一个程度组成偏序关系，即程度之间是互相联结的(connected)，满足全序性(totally ordered)：

(11) 联结性：$\forall d, d'：d\leqslant d'\vee d'\leqslant d$

程度一般和某一维度有关。维度指的是个体具有的、可以用于测量的属性(如高度、宽度、颜值、智商等)。某一维度上程度的集合组成量级(scale)。量级可以被视为一个三元结构(12)：

(12) 量级(S)是一个三元结构：$S=<D, Dim, \leqslant>$

　　　a. D 是程度的集合；

　　　b. $\leqslant$是 D 上的偏序关系；

　　　c. Dim 是测量的维度。

图(13)是一个典型的量级结构，其中的 S 表示量级，d 表示程度：

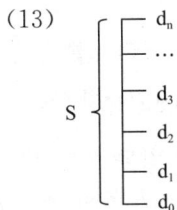

(13)

$$S\begin{cases} d_n \\ \cdots \\ d_3 \\ d_2 \\ d_1 \\ d_0 \end{cases}$$

自然数组成的集合就是一个典型的量级（$1 \leqslant 2 \leqslant 3 \leqslant \cdots \leqslant n$）。因而从某种意义上来说，刻度也可以理解为自然数组成的集合。和事件语义学、可能世界语义学一样，程度语义学把"程度"作为原始概念（primitive）引入语义表达体系。在程度语义学中，"程度"是不可再切分的原子类型。

这一思路为形容词的语义刻画提供了新的思路。在传统的语义学理论中，形容词和名词一样，被分析为个体具有的某种属性，在语义上指称集合，形容词修饰名词的结构（Adj＋NP）（beautiful cities，expensive cars 等）一般被处理为集合的交集（Heim & Kratzer 1998）：

(14) 传统语义学对形容词的语义处理（Heim & Kratzer 1998）

　　a. 形容词表示个体具有的属性，在语义上指称具有某种属性的个体组成的集合：$[[\mathit{large}]] = \lambda x. \textbf{large}(x)$（类型：$<e, t>$）

　　b. 形容词修饰名词的结构（Adj＋NP）在语义上指称集合的交集：

　　　$[[\mathit{large\ city}]] = [[\mathit{large}]] \cap [[\mathit{city}]] = \lambda x. \textbf{large}(x) \wedge \mathrm{city}(x)$

这一分析显然无法直接处理形容词的等级性，即形容词语义解读中的语境依赖性。根据经典逻辑推理中的简化律（Simplification，Simp）：如果 $P \wedge Q$，则 P，下面的例（15）应该衍推（15a）和（15b）。然而实际的语感是，（15）为真，只有推出（15a）为真，并不一定能推出

(15b)也为真：

  (15) Lobsters are large crustaceans.（McNally 2016：448）

    a. ⇒ Lobsters are crustaceans.

    b. ⇏ Lobsters are large.

  程度语义学为上述等级性提供了更直观的工具。在程度语义学框架中,等级形容词不再单纯指称个体的属性,而是个体到某种属性的"量"（程度）的二元关系,如"tall"是高到一定的程度,"long"是长到一定的程度,"beautiful"是颜值达到一定的程度,等等。用 d 和 x 分别表示程度论元和个体论元,"tall、long、beautiful"的语义可以表示为(16)：

  (16) a. $[[\ tall\ ]]=\lambda d\lambda x.\ \textbf{height}\ (x)\geqslant d$

    b. $[[\ long\ ]]=\lambda d\lambda x.\ \textbf{length}\ (x)\geqslant d$

    c. $[[\ large\ ]]=\lambda d\lambda x.\ \textbf{largeness}\ (x)\geqslant d$

如(16c)所示,large 总是相对于某一程度而言。因为程度依赖于比较类别,所以,龙虾是大甲壳类动物不衍推龙虾是大的(15b)。

  两类和形容词有关的修饰结构为(16)的语义表达提供了直接的证据。一类是测量短语修饰形容词的结构（6 feet tall,3 meters wide 等）,另一类是程度副词修饰形容词的结构（very intelligent,very tall）等。这两类结构分别对应于不同的语义操作。如(16)所示,形容词的语义类型是＜d, et＞（其中的 x 表示个体,d 表示程度）。有两种操作可以消除这个程度变量,即从＜d, et＞的类型得到<e，t>的类型。一种操作是把形容词和指称程度的表达式直接结合，另一种操作是把形容词和程度副词相结合。自然语言中的测量短语，如"6 inches"指称程度，类型为 d，可以和（16a-b）这样的表达式结合，得到<e，t>类型（17a）；程度副词具有语义类型<<d，et>，<e，t>>，也可以和（16）的表达式相结合，产生<e，t>类型（17b）。当句子中没有显性的程度副词的时候，通常的处理方案是假设存在一个隐性的程度语素：原级语素 POS（Kennedy 1999；Kennedy & McNally 2005）。POS 具有类型<<d，et>，<e，t>>，可以和形容词进行语义组合，如（17c）所示。在句法上，程度副词和测量短语均投射以它们为中心的程度短语（DegP），其补足成分是以形容词为中心的 AP。这两种不同形式的程度短语分别如（18a）和（18b）所示：

(17) a. Floyd is [$_{DegP}$[$_{Deg}$6 inches [$_{AP}$ tall]]].

　　 b. Floyd is [$_{DegP}$[$_{Deg}$ very [$_{AP}$ intelligent]]].

　　 c. Floyd is [$_{DegP}$[$_{Deg}$ POS [$_{AP}$ intelligent]]].

(18) a.

$$\text{DegP}_{<e,t>}$$

$$\text{Deg}_{<<d,et>,<e,t>>} \qquad \text{AP}_{<d,et>}$$

$$\text{very} \qquad\qquad \text{intelligent}$$

b.

$$\text{DegP}_{<e,t>}$$

$$\text{Deg}_{<<d,et>,<e,t>>} \qquad \text{AP}_{<d,et>}$$

$$\text{POS} \qquad\qquad \text{intelligent}$$

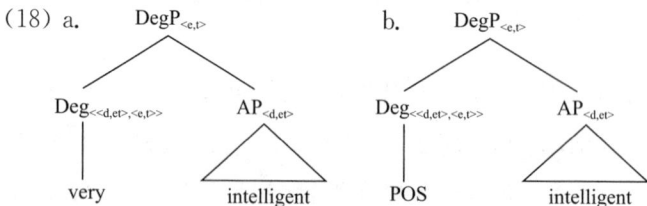

程度语义学理论框架中的语义运算和传统语义学一致，均为函数应用（Functional Application，FA）或谓词修饰（Predicate Modification，PM）。以（17a）和（17c）为例，相关的语义推导如（19）和（20）：

（19）Floyd is 6 inches tall.

 a. $[[\,tall\,]] = \lambda d\lambda x.\ \mathbf{height}\ (x) \geqslant d$；$<d,\ et>$

 b. $[[\ 6\ inches\ ]] = \mathbf{6\ inches}$；$<d>$

 c. $[[\ 6\ inches\ tall\,]] = \lambda x.\ \mathbf{height}\ (x) \geqslant \mathbf{6\ inches}$；$<e,\ t>$

 d. $[[\,Floyd\ is\ 6\ inches\ tall\,]] = 1$ iff $\mathbf{height}$（$\mathbf{Floyd}$）$\geqslant \mathbf{6\ inches}$

（20）Floyd is [POS intelligent].

 a. $[[\,intelligent\,]] = \lambda d\lambda x.\ \mathbf{intelligence}\ (x) \geqslant d$；$<d,\ et>$

 b. $[[\,POS\,]] = \lambda G\lambda x.\ \exists d\ [G(d)(x) \wedge d \geqslant \mathbf{Standard}\ (G)]$；$<<d,\ et>,\ <e,\ t>>$

 c. $[[\,POS\ intelligent\,]] = \lambda G\lambda x.\ \exists d\ [G(d)(x) \wedge d \geqslant \mathbf{Standard}\ (G)]\ (\lambda d\lambda x.\ \mathbf{intelligence}\ (x) \geqslant d)$

 $= \lambda x.\ \exists d\ [\,\mathbf{intelligent}\ (d)(x) \wedge d \geqslant \mathbf{Standard}\ (\mathbf{intelligent})]$；$<e,\ t>$

 d. $[[\,Floyd\ is\ POS\ intelligent\,]] = 1$ iff $\exists d\ [\,\mathbf{intelligent}\ (d)(\ Floyd) \wedge d \geqslant \mathbf{Standard}\ (\mathbf{intelligent})]$

  表达式（20d）意为 Floyd is intelligent 为真当且仅当存在某一个由语境决定的比较标准，Floyd 聪明的程度满足这一标准。可见通过引入程度变量，可以充分刻画各种类型的形容词修饰结构的语义。

  引入程度和量级等概念，还能为进一步探索形容词等级性的语义本质、寻找形容词内部差异与分类背后的理据提供更符合直觉的理论工具。

2.4 量级结构与形容词的内部分类问题

形容词内部具有异质性(heterogeneity):不同的形容词内部的语义蕴含关系不同,与副词的搭配限制不同(Bolinger 1972)。(21)中的形容词"tall"可以被"for phrase"修饰,依据比较类别和语境的不同,有不同的真值条件,而(22)中的"full"则不能被"for phrase"修饰,其语义解读不依赖于某一特定语境:

(21) John is tall.

    a. John is tall for a toddler.

    b. John is tall for a basketball player.

(22) a. John's hard drive is full.

    b. ♯ John's hard drive is full for a hard drive of some-one who never uses his computer.

不同的形容词与像"half、mostly"这样的比例修饰语(proportional modifiers)的搭配限制不同。考察(23)与(24)的对立:

(23) a. The glass is {half, mostly} full.

    b. Her eyes were {half, mostly} closed.

    c. These images are {half, mostly} invisible.

(24) a. ♯ A 15-year-old horse is {half, mostly} old.

b. ♯ John's car was {half, mostly} expensive.

c. ♯ John seemed {half, mostly} tall.

Rotstein & Winter (2004)、Kennedy & McNally(2005)等对上述现象提出了一个卓有创见的解释。他们指出量级结构和形容词等级性特征之间存在强相关性:形容词引导某类量级结构,依据量级结构的不同,形容词可以做相应的分类。根据量级上的程度是否具有上限,即最大标准(maximum standard)和/或下限,即最小标准(minimum standard),可以把量级结构分为两大类四小类:有的量级上的程度只有上限,有的量级上的程度只有下限,有的量级上的程度既有上限又有上限,而有的则既没有上限也没有下限。借鉴代数的表述手段,用 1 表示上限,0 表示下限,这四类不同的量级结构分别如(25a—d)所示:

(25) a. 封闭量级(closed scale):$\{d: 0 \leqslant d \leqslant 1\}$

　　 b. 开放量级(open scale):$\{d: 0 < d < 1\}$

　　 c. 顶端封闭量级(upper closed scale):$\{d: 0 < d \leqslant 1\}$

　　 d. 底端封闭量级(lower closed scale):$\{d: 0 \leqslant d < 1\}$

这四类不同的量级更形象的表述如图(26):

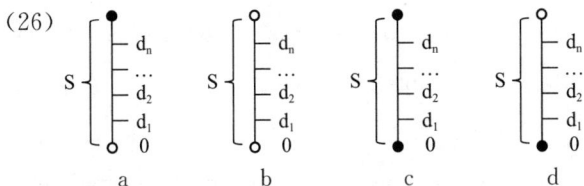

(26)

不同形容词的计量特性可以用不同的量级结构来刻画。例(23)中形容词所引导的量级结构是封闭的,可以被比例修饰语修饰。同时,这类形容词的比较标准由上限/下限提供,不具有语境变异性,因而不能被"for phrase"修饰。例(24)中的形容词所引导的量级结构是开放的,既没有上限也没有下限,因而不能被比例修饰语修饰。同时这类形容词的比较标准完全由语境提供,因而可以被"for phrase"修饰。Kennedy & McNally 把前者叫作相对形容词,后者叫作绝对形容词[Rostein & Winter 则把前者叫作整体形容词(total adjectives),后者叫作部分形容词(partial adjectives)]。依据量级结构的不同,绝对形容词又分为三个小类:具有上限和下限的形容词(两端封闭型),只具有上限的形容词(顶端封闭型),只具有下限的形容词(底端封闭型)。这些形容词内部的差异可以通过它们与不同修饰语的搭配限制体现出来:(i)两端封闭型形容词可以被"half"修饰;(ii)只具有上限的形容词可以被"almost、completely、fully"等修饰,不能被"a bit、slightly"修饰;(iii)只具有下限的形容词可以被"a bit、slightly"修饰,不能被"fully、completely"修饰。更多例子如下:

(27) 封闭量级

   a. The flower was {fully, completely} {open, closed}.

   b. The monkey was {fully, completely}{visible, invisible}.

(28) 开放量级

   a. # John is {fully, completely} {tall, short}.

b. ♯ This table is {fully, completely} {wide, narrow}.

(29) 顶端封闭量级与底端封闭量级

a. We were {fully, completely} {certain, ♯ uncertain}.

a'. We were {a bit, slightly} {♯ certain, uncertain}.

b. The treatment is {fully, completely} {safe, ♯ dangerous}.

b'. The treatment is {a bit, slightly} {♯ safe, dangerous}.

用 A 表示形容词,x 表示个体,$\mu_A(x)$ 表示对 x 具有的 A 的程度的测量,不同形容词的语义表述如(30—32)(例子来自 Rick 2010):

(30) 顶端封闭性(最大标准)

[[x is A]] ＝1 当且仅当 $\mu_A(x) = \text{MAX}([[A]])$

a. The door is closed ♯ but it's still slightly ajar.

b. The hard drive is empty ♯ but you can still delete more files.

c. The hard drive is full ♯ but you could still download more files onto it.

(31) 底端封闭型(最小标准)

[[x is A]] ＝1 当且仅当 $\mu_A(x) > \text{MIN}([[A]])$

a. The floor is wet but you could make it wetter.

b. The door is open but you could open it further.

（32）两端开放型（相对标准）

[[x is A]] = 1 当且仅当 $\mu_A(x) > \delta$（δ 是由语境决定的比较标准）

a. John is tall.

b. Floyd is rich.

依据量级结构对部分英语形容词的分类见下表：

表 2 - 1　量级类型与英语形容词分类

开放量级	封闭量级	顶端封闭量级	底端封闭量级
tall/short	empty/full	clean	dirty
heavy/light	transparent/opaque	dry	wet
high/low	open/closed	straight	ben
wide/narrow	visible/invisible	pure	impure
big/small	cooked/raw	safe	dangerous

（来源：Morzycki 2016）

　　等级形容词的语义确定都依赖于一定的比较标准。不同的形容词，比较标准的确定方式不同。相对形容词因为它们所引导的量级没有上限也没有下限，比较标准由语境提供；而绝对形容词的比较标准由量级上的上限或下限提供，有相对确定的标准。汉语中很容易找到这样的例子。前文提到的例（1）[重复为（33）]中的"富有"是相对形容词，依赖于语境提供的比较标准。比较标准不同，真值意义不同：

（33）张教授有两套学区房，所以，张教授很富有。

    a. 为真：相对于广大工薪阶层来说。

    b. 为假：相对于马云们来说。

张教授有两套学区房，对于城市中的普通居民来说，他是富有的；但是这点资产对于马云们而言，完全没有可比性。和英语中的等级形容词一样，这一比较类别可以用介词短语"对于 X 来说"引入。

并非所有的比较标准都由语境提供。绝对形容词的比较标准由其语义中的上限/下限提供。譬如对"地板是湿的"或者"地板是干的"的真值确定并不依赖于语境："湿"有下限，只要具有任意的湿度都可以认为是湿的；"干"有上限，只有湿度为零才是干的。

从量级结构的角度考察形容词等级性，是语义学领域近十年来最突出的研究成果之一。对形容词的语义探索，对于揭示语言与认知之间的密切联系具有重要价值。这一领域仍然是当前学界的热点之一（最新评论见 Lassiter 2015；McNally 2016；Morcyzki 2016 等）。

2.5　各类比较结构的语义问题

各类比较结构是另一个体现程度语义学分析优势的领域。依据物体具有的某种属性（高度、重量、智商等）的量，在物体之间建立某种顺序关系（ordering），是人类具有的基本的认知能力之一（Sapir 1944）。这一认知能力反映在自然语言中体现为形形色色的比较结构（Bolinger 1972；Stassen 1985；Dixon 2008 等）。所谓比较，根据 Dixon（2008）的定义，"涉及两个或者多个项目之间的相似性与差异性的检验，……，人类语言中最具原型性的比较范式涉及某两个参与对象在某一等级性属性上的程度的比较"(p. 787)。在很多语言中,这种"相似性和差异性",有专属的句法和/或形态。以英语为例,比较句分为三种类型,等比(equatives),用"as…as"表示;差比,分为"超过(superior)"和"少于(inferior)"两个子类,分别用 *more/- er* 和 *less* 表示;以及最高级比较句(superlatives):

　　(34) 等比结构:

　　　　a. Floyd is as intelligent as Clyde.

　　　　b. Mr. Darcy is at least as rich as Mr. Bingley，if not richer.(来源:Beck 2012)

　　(35) 差比结构:

　　　　a. Floyd is more intelligent than Clyde.

　　　　b. Floyd is less intelligent than Clyde.

　　(36) 最高级比较结构:

　　　　a. Floyd climbed the highest mountain.

　　　　b. Floyd is the most intelligent.

　　在上述例子中,做主语的 DP 是比较目标(target of comparison),"than"引导的 DP 是比较标准(standard of comparison),形容词是比较谓词(predicate of comparison)。有的时候,比较目标和比较标准之差可以通过测量短语(MP)来表示("Floyd is 2 inches taller than Clyde")。

　　如前 Dixon 对"比较"的定义可见,比较结构的语义都和程度的比较有关。在标准的程度语义学理论框架中,这一语义的实现基于四条基本假设:(a) 形容词指称从个体到程度的二元关系(见前文);

（b）比较目标所在的主句和 *than* 引导的比较标准所在的子句分别指称程度的集合；（c）程度的集合通过最大化操作转化为类型为 d 的程度；（d）比较语素（*more* 或 *-er*）表示程度之间的不对称顺序关系。最大化操作（Maximalization）的定义见（37），表示作用于程度之集合的语义操作，然后返回该集合中最大值的程度。比较语素的语义贡献是在程度和程度之间建立某种顺序关系，其定义如（38）[据 Beck 2012:（15）和（16），略有改动]：

(37) $\mathrm{MAX}(D) = \iota d[D(d) = 1 \wedge \forall d'[D(d') = 1 \rightarrow d' \leqslant d]]$

(38) $[[\ -er\ ]] = \lambda D_{2<d,\ t>} \lambda D_{1<d,t>} . \mathrm{MAX}(D_1) > \mathrm{MAX}(D_2)$

　　这一思路可以涵盖英语中主要的比较结构。考虑（39）。其中的"more/-er than Clyde is tall"包含程度论元，可以视为一个基于程度之集合的广义量词，其类型是 $<dt,\ t>$，位于 AP 的指示语位置。这一类型不能和形容词（类型为 $<d,\ et>$）直接组合。为了满足可解读性，DegP 通过量词提升的方式移动到句首的附加语位置（留下一个类型为 d 的成分）。这一思路和经典的 wh-movement 操作一致（Chomsky 1977；Heim & Kratzer 1998）。（39）的逻辑式结构（LF）如（40）和（41）所示：

(39) Floyd is taller than Clyde (~~is tall~~).

(40) a. 底层结构：Floyd is [AP[DegP-er than [Clyde ~~is tall~~]] tall]

　　 b. 逻辑式结构：[DegP-er than λd_2[Clyde is d_2 tall]][λd_1 [Floyd is [d_1 tall]]]

（41）

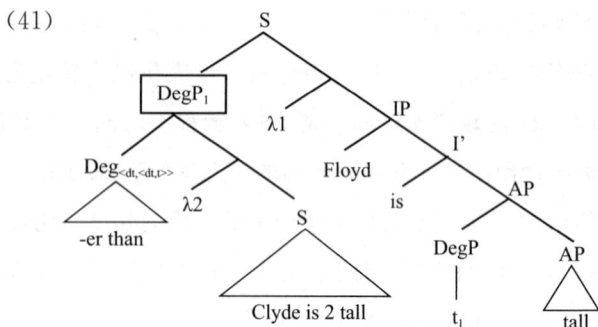

例（41）中的"-er"联结两个程度论元，分别是 Floyd 的高度和 Clyde 的高度，并在这两个高度之间建立不对称的顺序关系。（41）的语义推导可以直观表述如（42）：

（42）a. $[[\ Floyd\ is\ t_1\ tall\ ]] = $ **tall** (Floyd) (d_1)

b. λ-Abstract ($[[\ Floyd\ is\ t_1\ tall\ ]]$) $= \lambda d_1.$ **tall** (Floyd) (d_1)

c. $[[\lambda 2\ Clyde\ is\ 2\ tall\ ]] = \lambda d_2.$ **tall** (Clyde) (d_2)

d. $[[\ -er\ ]] = \lambda D_{2<d,\ t>}\ \lambda D_{1<d,t>}.$ MAX ($D1$) $>$ MAX (D_2)

e. $[[\ -er\ ]]$ ($\lambda d_1.$ **tall** (Floyd) (d_1)) ($\lambda d_2.$ **tall** (Clyde) (d_2))

$=$ MAX ($\lambda d_1.$ **tall** (Floyd) (d_1)) $>$ MAX ($\lambda d_2.$ **tall** (Clyde) (d_2))

f. $[[\ Floyd\ is\ taller\ than\ Clyde\ ]] = 1$ iff **height** (**Floyd**) $>$ **height** (**Clyde**)

其他类型的比较句都可以得到类似直观的处理。以等比句为例。等比句和差比句的唯一区别在于所涉及的程度之间的"顺序关系"略有不同：前者是"满足（≥）"，后者是"超过（>）"。假设"as…as"的语义如（43），等比句的语义分析如（44）：

(43) $[[\ as \cdots as\ ]] = \lambda D_{2<d,\ t>} \lambda D_{1<d,t>}.\ MAX(D_1) \geq MAX(D_2)$

(44) a. Floyd is as tall as Clyde.

　　 b. $[as \cdots as\ [\lambda1[Clyde\ is\ 1\ tall]]][\ \lambda2\ [Floyd\ is\ 2\ tall]]$

　　 c. $[[\ Floyd\ is\ as\ tall\ as\ Clyde\ ]] = 1$ iff **height**（**Floyd**）≥ **height**（**Clyde**）

倍比句的分析同理。倍比句中的比较语素"-er"的语义包含比较的倍数（45），其语义分析如（46）：

(45) $[[\ -er\ ]] = \lambda d \lambda D \lambda D'.MAX(D) \geq MAX(D') \times d$

(46) a. The curtain is twice as wide as the window.

　　 b. $[[The\ curtain\ is\ twice\ as\ wide\ as\ the\ window]] = 1$ iff **width**（curtain）≥ **width**（window）×2

最高级比较句虽然在表层句法没有"-er"这样的比较语素，但最高级结构一般可以转换为相应的比较句，如（47a）可以转换为（47b）。根据 Heim（2000）给出的最高级"-est"的语义（48），（47a）的语义运算结果如（49）：

(47) Floyd is the tallest. ⇔Floyd is taller than anyone else.

(48) $[[\text{ -est }]]=\lambda R_{<d,<et>>}\lambda x.MAX(\lambda d.R(d)(x))> MAX$
$(\lambda d.\exists y[y\neq x\wedge R(d)(x)])$

(49) $[[\textit{ Floyd is the tallest }]] = 1$ iff $\mathbf{height}(\mathbf{Floyd})>$
$MAX(\lambda d.\exists y[y\neq x\wedge\mathbf{height}(d)(y)])$

　　英语中还有一种次比较结构(subcomparatives)。例(50)表示的是桌子的长和桌子的宽之间的比较。比较谓词"-er"表示程度之间的比较,其语义为(51a),整个句子的语义运算结果如(51b)(Kennedy 2002):

(50) The table is wider than it is long.

(51) a. $[[\text{ -er }]] =\lambda d\lambda d'. d >d'$

　　　b. $[[\textit{The table is wider than it is long}]]=1$ iff $\mathbf{width}$
$(\text{table}) > \mathbf{length}(\text{table})$

　　综上,程度语义学为比较结构的研究提供了更符合直觉的描写方式以及更直观的语义刻画手段,极大地拓展了比较结构研究的广度和深度。然而,语言现象有其内在的复杂性,比如并非所有语言都像英语一样有专属的比较语素(譬如汉语就没有比较语素),也并非所有语言都有类似于英语的比较标记"than"(有的语言,如Mundari语和Maasai语中,比较标记是介词,见 Stassen 1985),是否所有语言的比较结构都和程度比较有关一直是一个开放的问题。就英语比较结构研究而言,也存在一些悬而未决的问题,如比较结构在语义上到底是个体比较还是程度比较,在句法上应该分析为短语比较结构还是子句比较结构等(见 Kennedy 2009；Bhatt & Takahashi 2011；Beck 2012；罗琼鹏 2017 等)。对这些开放问题的持续探索,将不断推动程度语义学理论向前发展。

2.6　跨范畴的等级性现象

等级性不仅存在于形容词领域,还存在于动词(事件)领域和名词(个体)领域,跨范畴的等级性之间存在平行性关系。前文提到,根据形容词所引导的量级是否具有上限或下限,形容词可以分为不同的类型。Kennedy(2007),Kennedy & Levin (2008)观察到,在事件(eventuality)领域,也存在类似的区分。依据是否带有增长论元(incremental theme),动词可以分为增长动词(如 write、eat、make 等)和非增长动词(如 load with)。由增长动词衍生出来的形容词所表示的事件类型具有上限,蕴含该动词所表述的事件有一个完结点;而非增长动词所衍生出来的形容词只有下限,不蕴含相关事件具有完结点。试比较下面的例子之间的相似性:

(52) 具有上限的形容词:

　　a. The hard drive is empty ♯ but you can still delete more files.

　　b. The hard drive is full ♯ but you could still download more files onto it.

(53) 增长动词与完结事件

　　a. The book was written ♯ but the author had not yet

written the final page.

b. The biscuit were eaten ♯ but there were still some left.

(54) 具有下限的形容词与非增长动词

a. The door is open but you could open it further.

b. The truck was loaded with the boxes but there's still plenty of space left on the truck.

形容词和动词之间的平行性还见于下面的现象。Kennedy & Levin（2008）观察到，由形容词衍生出来的动词（如 widen、darken、cool、ripen 等）也继承了原来的形容词的等级性。如例（55）：

(55) The pie cooled {halfway, slightly, fully, completely}.

这些现象表明，对动词及其所表示的事件性的研究，也需要借鉴程度语义学。但程度语义学的适用范围不限于此。就像形容词可以分为等级形容词（携带程度论元）和非等级形容词（不携带程度论元，如 even、unmarried、male 等），动词也可以分为等级动词和非等级动词。有些动词可以被程度修饰语修饰，而有的动词则与程度修饰语的搭配很不自然。考察下面例子的对立（采自 Morzycki 2016）：

(56) a. Floyd hates natoo {a lot, more than Clyde, as much as anyone}.

b. Floyd believes in capitalism {a lot, more than Clyde, as much as anyone}.

(57) a. ♯ Floyd died {a lot，more than Clyde，as much as anyone}.

　　 b. ♯ Floyd arrived {a lot，more than Clyde，as much as anyone}.

　　 c. ♯ Floyd solved this problem {a lot，more than Clyde，as much as anyone}.

　　名词领域也存在(非)等级性的对立。有些名词(如 nerd、idiot、genius、fan、enthusiast 等)具有等级性,体现在它们可以被程度修饰;而有些名词(如 chair、city、teacher 等)则不行,如下面的例子所示(Morzycki 2009；de Vries 2010)：

(58) a. Floyd is a(n) {big，true，total，absolute} {idiot，nerd}.

　　 b. Floyd is {a bigger，more of a} {idiot，nerd} than Clyde.

　　 c. Floyd is {such，as much} an {idiot，nerd}.

(59) ♯ a (n) {complete，absolute，slight，veritable} {chair，city}

　　实际上,(58)中的修饰语,虽然具有形容词形式,但不是真正意义上的形容词。和修饰形容词的程度副词一样,它们属于程度修饰语。和形容词不同,程度修饰语不能充当句子的谓词(60),也不能再被其他的程度副词修饰(61)：

(60) ♯ That idiot seems {real, complete, absolute, slight, veritable}.

(61) a. ♯ a {more utter, utterer} idiot than Clyde

　　 b. ♯ a {quite, rather, somewhat, really} {real, complete, absolute, slight, veritable} idiot

　　类似的现象也广泛存在于西班牙语、波兰语、德语、希伯来语以及汉语中(例子综合采自 Morzycki 2009；de Vries 2010；罗琼鹏 2016b 等)：

(62) a. Pedro es un gran idiota.　　　　　(西班牙语)

　　　　 Pedro is a great idiot

　　 a'. ♯ Pedro es un idiota grande.

　　　　 Pedro is an idiot great

　　 b. wielki idiota　　　　　　　　　(波兰语)

　　　　 great idiot

　　 b'. ♯ idiota wielki.

　　　　 idiot great

　　 c. ♯ Dieser Idiot ise gross.　　　　(德语)

　　　　 this idiot is great

　　 d. ♯ ha-idyot hu gado.　　　　　　(希伯来语)

　　　　 the-idiot HU big

(63) 小明是个大笨蛋。♯ 笨蛋很大。

　　上述对立的根源在于像 nerd、idiot、genius、fan、enthusiast 这样

的名词属于等级名词,和等级形容词一样,它们携带程度论元。也就是说,需要把程度短语假设由形容词领域引入名词领域,这两个领域之间的等级性具有平行性:

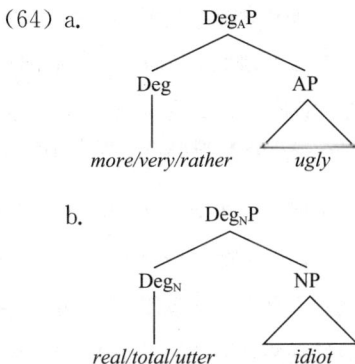

(64) a.

```
          Deg_AP
         /      \
      Deg        AP
       |          /\
more/very/rather ugly
```

b.

```
          Deg_NP
         /      \
     Deg_N       NP
       |          /\
real/total/utter idiot
```

毫无疑问,把等级性、程度等概念引入动词(事件性)、名词(个体性)等领域,有助于寻找不同结构、不同现象乃至不同语言背后的共性。

2.7 结语

程度语义学的研究领域和传统汉语语法研究存在很多交集。实际上,汉语语法学界对等级性的认识同样有悠久的历史,相关研究成果有异曲同工之妙。黎锦熙(1924)论及比较句时,有"比较[…]或以程度之相差,发挥主句关系的重要"的论述[黎锦熙 1924(1992):224];吕叔湘(1944)也明确提出程度的差异可以用数值系统来表述。纵览汉语学界对形容词、比较句等的诸多研究,"等级性/程度差异"一直是其重要主题[见朱德熙 1956(1980),1982;吕叔湘

1966,1999；张国宪 1996,2006；郭锐 2002；张斌 2010 等]。遗憾的是，汉语学界大多视程度为描写对象而非工具，较少去深刻探索"程度"的本质，对这一概念欠缺明确、严谨的定义，没有发展出一套系统的理论来处理汉语中丰富的等级性现象。应该指出，汉语语法界多年来所积累的大量翔实且全面的成果，不但从另一个角度佐证了程度语义学的理论价值，更为这一理论的发展提供了深厚的土壤。把"度"这一认知与语言中的核心概念和汉语研究更紧密地结合，不但可以更好地描写汉语，还能拓展汉语研究的视野、提升其理论水平。

近年来，国际语言学界涌现的一些研究成果，如对汉语形容词比较句的研究（Lin 2009），对汉语及物比较句的研究（Xiang 2005；Grano & Kennedy 2012），对汉语"很 + VP"结构的研究（Grano 2012），对汉语形量修饰结构的研究（Luo et al. 2017）等，都采纳了程度语义学的理论框架。但汉语的价值不仅体现在为程度语义学提供事实支持，还在于不断对这一理论提出挑战。汉语动词差比句、汉语中形形色色的主观程度副词，乃至汉语"独特的"状态形容词等，都在挑战程度语义学核心假设，推动这一理论不断往前发展。对这些挑战的回应，为汉语研究更深刻地参与到世界语言学理论的建构中带来了新的机遇。或许，这就是程度语义学作为新兴理论的价值：它不仅为探索形容词（以及动词、名词）的等级性、各类比较结构、感叹句等现象的语义以及语言和认知之间的关系提供了行之有效的新工具，更引发了一系列新的问题，尤其是将许多原来不为学界所关注或重视的问题，纳入语言学的研究视野，从而拓展了语言学的研究范围，为语言学理论的发展提供了新的驱动力。

（本章删节版发表于《解放军外国语学院学报》2021 年第 6 期）

第3章 量级结构与汉语性质形容词分类

3.1 引言

在汉语语言学界,对性质形容词的内部差异与分类的讨论一直都是热点和难点。朱德熙[1956(1980):6]把汉语形容词分为性质形容词(形容词的简单形式)和状态形容词(形容词的复杂形式),但同时又指出:"(虽然)从表面看,状态形容词的情况似乎要比性质形容词更复杂,事实上却不然,……,就它们的**意义**来说,仍然是一个内部统一的类。性质形容词的情形就不同了,(内部)有极其显著的区别"。性质形容词内部在语义蕴含和与程度词的搭配方面巨大的异质(heterogeneous)特征,表明它们可以再细分为不同的次范畴。学者们围绕这一问题已经进行了诸多研究[吕叔湘1965(1984),1999;吕叔湘、饶长溶1981;朱德熙1982;齐沪扬1988,1990;胡明扬1995;张伯江、方梅1996;沈家煊1997;张国宪1996,2000,2006a,2006b;石毓智2003;郭锐2002,2011,2012;张伯江2011等]。

纵观相关研究,可以发现学界在分类依据、分类体系、分类原则等问题上还存在巨大的分歧。这些观点的分歧充分表明了性质形容词分类问题的复杂性。就研究现状而言,还有几个问题值得深入的讨论:性质形容词内部差异的根源何在? 它们之间的差异是否具有系统性? 如何对性质形容词做出更具理据性的分类? 这些差异背后蕴含什么样的理论价值?

　　本章通过考察形容词内部不同的语义蕴含关系和与程度词的不同搭配限制来为上述问题提供一种新的思路。性质形容词一般被笼统的定义为描述事物或者个体的性质。实际语料表明,不同的形容词所编码的语义信息不同,如:

　　　(1) a. 北京比南京大。⇏ 南京不大。

　　　　　b. 北京房价比南京房价高。⇏ 南京房价不高。

　　　(2) a. 这个杯子比那个杯子满。⇒ 那个杯子不满。

　　　　　b. 地板比桌面干。⇒ 桌面不干。

　　上述例句中的形容词"大、高、满、干"都是性质形容词,它们都可以被程度词"很"修饰,被"不"否定,能进入比较句[见朱德熙1982;吕叔湘 1965(1984),1999;郭锐 2002;张国宪 2000;张斌 2010等]。但是,对于(1)中的形容词来说,说"甲比乙 A"不蕴含"乙不A"。而就(2)中的形容词而言,说"甲比乙 A"蕴含"乙不 A":这个杯子比那个杯子满,一定可以推出那个杯子不满;地板比桌面干,一定可以推出桌面不干。和这一现象相关的还有互为反义词的形容词的(不)对称蕴含关系。对(1)中的形容词的否定(肯定)不蕴含相应的肯定(否定)形式为真,但是对(2)中的形容词的否定(肯定)则蕴含相应的肯定(否定)形式为真,如:

（3）a. 南京的房价不高。⇏ 南京的房价低。

　　　b. 瘦死的骆驼不大。⇏ 瘦死的骆驼小。

（4）a. 这个杯子不满。⇒ 这个杯子空。

　　　b. 这块毛巾不干。⇒ 这块毛巾湿。

　　这一语义上的对立也体现在和程度词的搭配限制的不同。像"高、矮、聪明、丑陋、贵、重、轻"这样的形容词一般不能被表示全量的程度词（如"完全、百分百"等）修饰，但（2）和（4）中的形容词则可以，如：

（5）a. ＊完全大｜＊完全高｜＊完全贵

　　　b. 杯子完全满了｜地板完全干了｜地板完全干净了

　　要对上述现象做出合理的说明，需要更深入地思考形容词等级性的语义本质。学界早已经注意到，形容词的语义具有等级性，即语义满足条件存在程度差异，依赖于一定的比较标准。但是学界对"程度"的本质是什么，如何用更为精确的、更符合直觉的手段表述程度差异等问题还欠缺深刻的讨论。本章引入程度语义学的视角，通过对形容词等级性的考察，来揭示形容词内部差异背后的根源，并为形容词的分类提供更具原则性的语义理据。本章首先讨论形容词的等级性，提出等级形容词和非等级形容词的区分，接着对"程度"和"量级"这一对概念做出更明确的定义，然后依据形容词所引导的量级结构的不同，考察形容词的内部分类问题，并在此基础上对一些看似错综复杂的语言现象进行梳理和解释。

3.2 形容词的等级性

等级性指的是表达式的语义满足条件具有程度差异。绝大多数的形容词具有程度差异,其真值语义的确定一般要依赖一定的比较标准。比较标准不同,真值条件不同。假设张三身高一米八,如果和国人的平均身高比较,"张三高"为真,但是如果和 NBA 球员比较,则真值会发生改变。很显然,因为涉及不同的比较标准,下面的句子并不矛盾:

(6) 张三高一米八,很高,他六岁的儿子高一米四,也很高。

许多具有等级性的形容词的语义解读存在语境变异性(contextual variability),即会因语境的不同而不同。对于中国大学文科教师而言,能买得起学区房就能称得上"富有",但是这点财富如果和福布斯富豪榜的人完全不可相提并论。很显然,"富有"依据不同的语境,有不同的真值条(♯:表示语用不合理,下同):

(7) a. 张教授买得起学区房,所以和这个城市的其他人相
比,他富有。

b. ♯张教授买得起学区房,所以和刘强东相比,他
富有。

相当一部分具有等级性的形容词还会导致累积悖论(Sorites Paradox)(又称"连锁推理悖论")。累积悖论的经典表述是这样的:

一粒麦子自然不是一堆麦子；增加一粒麦子也不是一堆麦子（即 n＋
1 粒麦子不会产生一堆麦子），但是依次增加到 99999 粒，结果得到
了一堆麦子。大小前提都正确，但是结论显然不能被接受。常用的
形容词如"高、矮、长、短、大、小"等都会导致累积悖论，如（8）：

(8)（a）前提 1：某人身高 200 厘米为高。

　　（b）前提 2：比 200 厘米少 1 厘米是高的，依此类推，
　　　　（200－n）厘米为高。

　　（c）结论：身高 70 厘米也为高（进一步推出：所有人都
　　　　是高的）。

如（8）所示，形容词"高"会导致累积悖论：前提 1 和前提 2 都正确，但
是结论显然不能被接受。

　　并不是所有的形容词都具有等级性。根据是否具有等级性，形
容词可以分为等级形容词（gradable adjectives）和非等级形容词
（non-gradable adjectives）。它们之间的区别可以通过一定的语法手
段来甄别。一般来说，等级形容词可以被其他的程度副词修饰，可
以有比较用法，可以构成相应的感叹句式，可以进入"越来越 A"结
构，可以用程度疑问词"多"来提问。典型的等级形容词如"冷、重、
赢、渴、黑、难、大、高、厚、空、好、谦虚、聪明、骄傲、愚笨、老实、坚强、
刻苦"等，典型的非等级形容词如"青、蓝、紫、真、横、直、正、负、公、
母、优质、劣质、急性、慢性、特等、国产、外来"等（见朱德熙 1982；吕
叔湘 1999；郑怀德、孟庆海 2003 等）。下面以等级形容词"漂亮"和
非等级形容词"大型"为例来说明它们在分布上的对立。

　　（Ⅰ）等级形容词一般可以被其他的程度副词修饰，非等级形容

词一般不行:

      （9）a. 阿凡达里面的演员很漂亮。

          b. *银杏湖游乐园很大型。

  （Ⅱ）等级形容词一般有比较用法（包含比较级和最高级），非等级形容词用于比较句要受到更多的限制:

      （10）a. 秋天的北京比冬天的北京漂亮。

          b. *银杏湖游乐园比新街口游乐园大型。

  （Ⅲ）等级形容词一般能构成相应的感叹句式，非等级形容词一般无此用法:

      （11）a. 秋天的北京真漂亮啊！

          b. *银杏湖游乐园真大型啊！

  （Ⅳ）等级形容词可以进入"越来越 A"结构，非等级形容词一般不能:

      （12）a. 随着天气**越来越暖和，女生们穿的衣服也越来越漂亮**。

          b. *银杏湖游乐园越来越大型了。

  （Ⅴ）等级形容词可以用表示程度的疑问词"多"来提问，非等级

形容词一般不行:

(13) a. 秋天的北京有多漂亮?

　　 b. * 银杏湖游乐园有多大型?

非等级形容词一般表示对事物的分类或者区分[正局长|副局长、国营|私营、黑白|彩色(电视机)],不表示事物的性质或状态,如用奇偶对整数进行二分,或者用男、女对人群进行辨别等。分类得到的结果不能用于比较,也不具有程度差异。这一类形容词的语义满足条件不依赖于某一比较标准,不存在语境变异性,也不会导致累积悖论。汉语语法学界已经对形容词的(非)等级性有所区分,只是各自采用的术语和表述手段不同。吕叔湘、饶长溶(1981)、李宇明(1996)等用非谓形容词来概括具有分类作用的形容词,朱德熙(1982)、齐沪扬(1988)、郭锐(2002)则用区别词来概括这一类词。下面只讨论具有等级性的形容词的语义问题。

3.3　程度与量级

形容词具有等级性(即程度差异)已为学界所熟知[见朱德熙1956(1980);吕叔湘 1965(1984);邢福义 1965;陆俭明 1989;伍铁平2000 等]。吕叔湘[1944(1956):147]就曾指出:"一般说起来,物件有数量,性状无数量。但是我们虽不能说'一个红'或'一两红',却可以说'深红''浅红'。我们说深浅是程度的差别。其实程度的差别也就是数量的差别。"然而,在目前汉语学界,"程度"更多的是用于描述某些语言现象,很少有研究对"程度"的语义本质进行深刻思考。究竟"程度"能不能得到更为精确的、形式化的定义？程度差异如何得到更直观的刻画？

本章采纳程度语义学的理论框架来定义程度。和传统的语义理论不同，程度语义学把"程度"作为语义要素引入了语义表达体系（见 Sapir 1944；Cresswell 1976；von Stechow 1984；Kennedy 2001，2007；Kennedy & McNally 2005 等）。所谓程度，是对事物或个体某一属性的量的测量的**抽象表达**（abstract representation of measurement）。程度总是和某一维度相联系。维度指的是个体具有的、可以用于比较的属性（如高度、宽度、颜值、智商等）。程度之间满足偏序关系，即 $d_1 \leqslant d_2 \leqslant \cdots \leqslant d_n$。"$\leqslant$"满足传递性（transitive）、反对称性（anti-symmetric）和自反性（reflexive）：

(14) a. 传递性：$\forall d_1, d_2, d_3 (d_1 \leqslant d_2 \wedge d_2 \leqslant d_3 \rightarrow d_1 \leqslant d_3)$

b. 反对称性：$\forall d_1, d_2 (d_1 \leqslant d_2 \wedge d_2 \leqslant d_1 \rightarrow d_1 = d_2)$

c. 自反性：$\forall d(d \leqslant d)$（任意 d：$d \leqslant d$）

某一维度上构成偏序关系、互相联结的程度组成的集合构成一个量级。量级可以视为一个三元结构（15），典型的量级如图（16）所示：

(15) 量级（S）是一个三元结构：$S = \langle D, \text{Dim}, \leqslant \rangle$

a. D 是程度的集合；

b. $\leqslant$ 是 D 上的偏序关系；

c. Dim 是测量的维度。

(16)

$$S \begin{cases} d_n \\ \cdots \\ d_3 \\ d_2 \\ d_1 \\ d_0 \end{cases}$$

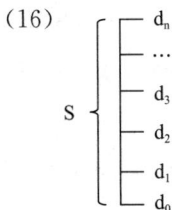

　　自然语言中自然数组成的集合就是一个典型的量级（$1 \leqslant 2 \leqslant 3 \cdots \leqslant n$）。形象一点说，程度对应于尺子上的刻度，而量级则是这把尺子。根据这一思路，具有等级性的形容词的语义不再单纯指称个体的属性，而是个体到某种属性的"量"（程度）的二元关系，如"高"是高到一定的程度，"长"是长到一定的程度，"漂亮"是颜值达到一定的程度，等等。用 d 和 x 分别表示程度论元和个体论元，"高"的语义可以表示为（17）：

　　　　(17) [[高]]＝ λdλx. **高度**(x)$\geqslant$d（个体 x 具有高的程度 d）

　　这一思路为许多语言现象的分析提供了直观的工具，比如各种类型的比较结构。在比较结构（"张三比李四高两厘米"）中，比较目标（张三）和比较标准（李四）具有的高度的程度被映射到量级结构上，不同程度在量级上的相对位置决定了比较的结果，程度之间的距离就是比较之差（两厘米），如（18）：

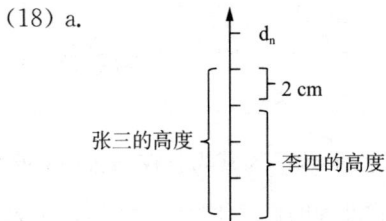

(18) a.

$$\text{张三的高度} \begin{cases} \left. \begin{array}{c} \\ \end{array} \right\} 2\ cm \\ \text{李四的高度} \end{cases} \quad d_n$$

b. [[张三比李四高两厘米]] 为真当且仅当

MAX(λd.高度（张三）≥d)-MAX(λd'.高度（李四）

≥d'）≥2 cm

＝高度（张三）－高度（李四）≥2cm

典型的量度形容词可以受数量短语的修饰（邢福义 1965；陆俭明 1989）。以"张三两米高"为例，在这个句子中，"张三"是个体论元，指称张三这个个体（类型为 e），"两米"是程度论元，指称"两米"的程度（类型为 d）。假设"两米高"是以"两米"为中心语的程度短语（Degree Phrase，DegP）（Kennedy & McNally 2005）。把这两个论元代入(17)的式子，句子的语义推导如(20)：

（19）

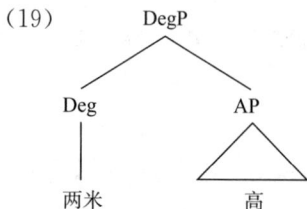

(20) i. [[张三]]＝ **张三**：e(个体论元)

ii. [[两米]]＝ **两米**：d（程度论元）

iii. [[高]]＝λdλx. **高度**(x) ≥ d(<d, <e, t>)（从个体到程度的二元关系）

iv. [[张三两米高]] 为真当且仅当**高度**（**张三**)≥两米。

(20iv)表示的是"张三两米高"为真当且仅当张三的高度大于或者等于两米。这个表达式准确的概括了"张三两米高"的真值语义。

邢福义(2012)提到的一组观察佐证了把"程度"引入语义表达体系的必要性。他发现,在数量短语修饰形容词的"数+量+形"结构中,如果形容词是"大、高、宽、长、深、重、粗"等,则在数量短语和形容词的中间可以插入"那么",如:大约八公尺那么高|大约七英寸那么宽|大约五公斤那么重。这一现象还见于由此衍生出来的"数+量+名+形容词"的结构,如:

(21)a. 于是拿出四只铜制镀银的字,一方寸那么大,是"寿比南山"四字。

　　b. 室内面积有 70 平方米那么大,各间屋子全由地板铺地。

(22) a. 你看李梅亭的铁箱不是有一个人那么高吗?

　　b. 洞口有一间房子那么宽,一溜斜坡,是光溜溜的大黑石蒲城的洞道。

例(21—22)中的"那么"是程度代词,用来回指前面的数量短语。数量短语的语义和程度有关。"一方寸、70 平方"(以及衍生出来的"数量名"结构)等数量短语都指称程度。这里的程度是某一个体在某一属性中具有的(精确的)量度。比如(21a)表示的是字框的面积的程度是一方寸,(21b)和表示房子的面积具有的程度是 70 平方米。

引入程度和量级等概念,为进一步探索形容词等级性的语义本质,寻找形容词内部差异与分类背后的理据,提供了更符合直觉的理论工具。

3.4　量级结构与形容词的分类

从代数的角度来看,前文提到的量级结构(16)是一个典型的偏序集($<D,\leqslant>$)。偏序集上一般可以定义上限/最大元(maximal element)或者下限/最小元(minimal element):

(23) 上限与下限:如果$<A,\leqslant>$是一个偏序集,且 B 是 A 的子集,若有某个元素 b $\in$B,对于 B 中的每一个元素 x 有 x$\leqslant$b, 则 b 是$<B,\leqslant>$中的上限;若有某个元素 b $\in$B,对于每一个 x $\in$ B 有 b$\leqslant$x,则 b 是$<B,\leqslant>$中的下限(左孝凌等 1982:142— 143)。

我们也可以对量级结构做类似的分类。根据量级上的程度是否具有上限,即最大标准(maximum standard)和/或下限,即最小标准(minimum standard),可以把量级结构分为两大类四小类:有的量级上的程度只有上限,有的量级上的程度只有下限,有的量级上的程度既有上限又有下限,而有的则既没有上限也没有下限。这四类量级结构分别如(24a—d)所示:

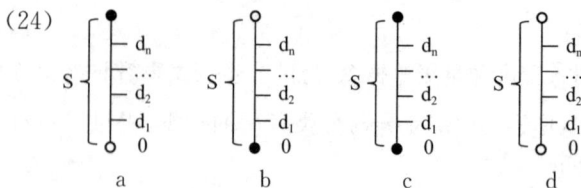

Winter ＆ Rothstein（2004），Kennedy ＆ McNally（2005），Kennedy(2007)指出量级结构和英语形容词的等级性特征之间存在强相关性。他们的核心观点是：不同的形容词引导不同的量级结构，依据量级结构的不同，形容词可以进行相应的分类。本章认为汉语形容词也可以做类似的分类处理。

为方便说明，我们把具有上限的结构叫作顶端封闭型（24a），具有下限的结构叫作底端封闭型（24b），既有上限又有下限的结构叫作两端封闭型（24c），既没有上限也没有下限的结构叫作两端开放型（24d）。不同形容词的计量特性可以用不同的量级结构来刻画。有的形容词所引导的量级结构如（24d），既没有上限也没有下限，比较标准完全由语境提供，这一类形容词包括"高、长、短、矮、粗、漂亮、美丽、聪明、富有"等。有的形容词所引导的量级结构具有上限，具有最大标准（24a），这一类形容词包括"干、真、直、平、安全、纯洁"等，譬如"安全"要求排除所有的风险，"干净"要求没有任何脏点。有的形容词所引导的量级结构具有下限，具有最小标准，这一类形容词如"湿、开、假、弯、脏、危险"等，譬如只要有任意非零的风险都可称之为危险，任意的湿度为"湿"，有污点即为脏，等等。还有一些形容词所引导的量级结构既有上限，也有下限，具有最大和最小标准，这一类形容词有"满、空、关、闭"等，譬如电影院每个座位都有人为满，一个人都没有为空。采纳朱德熙[1956(1980)]的分类，我们把前一种形容词叫作相对形容词，后面三类（具有最大或/和最小标准）叫作绝对形容词。用 A 表示形容词，x 表示个体，$\mu_A(x)$ 表示对 x 具有的 A 的程度的测量，这些形容词的语义表述见表 3-1[关于英语形容词的分类，见 Kennedy ＆ McNally（2005）；Kennedy(2007)等]：

表 3 - 1　绝对形容词与相对形容词

	属性	语义刻画
绝对形容词	具有上限（最大标准）	$\mu_A(x) = MAX([[\ A]])$
	具有下限（最小标准）	$\mu_A(x) > MIN([[\ A]])$
相对形容词	没有上限也没有下限	$\mu_A(x) > \delta$（δ是由语境决定的比较标准）

　　等级形容词的语义确定都依赖于一定的比较标准。不同的形容词，比较标准的确定方式不同。相对形容词因为它们所引导的量级没有上限也没有下限，比较标准由语境提供；而绝对形容词的比较标准由量级上的上限或下限提供，有相对确定的标准。下面来举例说明。"富有"是相对形容词，依赖于语境提供的比较标准：

（25）在大学研究语言学的张教授很富有。

　　对(25)的真值的判定具有语境依赖性。假如张教授买得起学区房，对于城市中的普通居民来说，他是富有的，但是学区房这点资产对于亿万富豪而言，完全没有可比性。这一比较类别可以用"对于 X 来说"引入。(26a)和(26b)的对立源于不同的比较标准：

（26）a. 张教授买得起学区房，对于一个月只有几千块工资
　　　　 的青年教师来说，他很富有。
　　　 b. ♯张教授买得起学区房，对于刘强东来说，他很
　　　　 富有。

　　并非所有的形容词的语义都需要依赖于语境。譬如对"地板是

湿的"或者"地板是干的"的真值确定并不依赖于语境:"湿"有下限,只要具有任意的湿度都可以认为是湿的;"干"有上限,只有湿度为零才是干的。需要注意的是,具有最大/最小标准和等级性不矛盾,譬如"干、湿"都具有等级性:它们可以进入比较结构(这块毛巾比那块毛巾干),可以用表示程度的"多"来提问(地面有多干?),可以进入"越来越 A"结构(随着太阳升起,地面越来越干了)。

相对形容词一般会导致累积悖论,绝对形容词一般不会。相对形容词"大"会导致累积悖论。有两万名学生的大学可以视为规模大。比两万减少一个学生的大学(19999 名学生)的规模也很大,依此类推,有 500 名学生的大学规模也是大的(前提正确,但是结论不能被接受,导致悖论)。与此相对,绝对形容词"满"不会导致累积悖论。假设电影院有 100 个座位,100 个座位都坐满了是满的,99 或者98 个座位坐满了,严格来说,不是满的。前提 1 正确,但是前提 2 不正确,因而不会得到具有悖论色彩的结论。

除了上述区别之外,相对形容词和绝对形容词在语义蕴含关系与副词的搭配限制上,呈现一系列整齐的对立。

首先,绝对形容词和相对形容词在比较句中的蕴含关系不同。考虑前文提到的例(1—2)[重复为(27—28)]:

(27) a. 北京比南京大。⇏ 南京不大。

b. 北京房价比南京房价高。⇏ 南京房价不高。

(28) a. 这个杯子比那个杯子满。⇒ 那个杯子不满。

b. 地板比桌面干。⇒ 桌面不干。

上述例子的对立可以归结为比较标准的确定方式的不同。"大、高"

都是相对形容词,它们引导的量级上的程度既没有上限也没有上限,具有相对标准,因而,说北京比南京大不蕴含南京不大。(28)中的例子都是绝对形容词,"满、干"引导的量级上的程度具有上限。如果两个杯子中的水都达到了最大值,则无法用于比较。比较的前提是一杯水中的量没有满足上限,即杯子不满。(28b)同理。

其次,对具有上下限的形容词来说,说"x 不 A"蕴含 x 具有 A 的零程度,即 x 具有 A 的反义词的性质,如:

(29) a. 地板不湿。$\Rightarrow$ 地板干。

b. $\neg\mu_{湿}(x) > MIN([[湿]]) \Leftrightarrow \mu_{湿}(x) = MIN([[湿]])$
$\Leftrightarrow \mu_{湿}(x) = MAX([[干]])$

(30) a. 地板不干。$\Rightarrow$ 地板是湿的。

b. $\neg\mu_{干}(x) = MAX([[干]]) \Leftrightarrow \mu_{干}(x) < MAX([[干]])$
$\Leftrightarrow \mu_{湿}(x) > MIN([[湿]])$

相对形容词没有类似的蕴含关系。如:

(31) a. 南京的房价不高。$\nRightarrow$ 南京的房价低。

b. 奔驰 E 系不贵(相比于奔驰 S 系)。$\nRightarrow$ 奔驰 E 系便宜。

再次,既有上限又有下限的形容词被表示部分关系的副词(如"大部分、半、有一部分"等)等修饰时,蕴含 x 非 A。而相对形容词因为没有上限和下限,一般不能被表示部分关系的程度副词修饰(*

半高|＊半矮|＊半丑陋|＊半温柔)。

(32) a. 地板有一部分是脏的。⇒地板不干净。

b. 桌面大部分是湿的。⇒桌面不是干的。

c. 门半开。⇒门不是关的。

如果 A 和 B 是构成反义关系的形容词，A 具有上限，B 具有下限，则"X 是 A"一定蕴涵"X 不是 B"，反之亦然。如果用 MAX([[A]])表示某事物被判定为 A 的最大程度(借鉴布尔代数的表述方式，用"1"表示)，MIN([[A]])表示某事物被判定为 A 的最小程度(用"0"表示)，下面的两个等式是成立的：

(33) a. $MAX([[A]]) = MIN([[B]]) = 1$

b. $MIN([[A]]) = MAX([[B]]) = 0$

实际语感如理论预测。比如"满"，可以用"半"来修饰，可以说"半满"。这是因为"满"所引导的量级结构既有上限，也有下限。"半满"表示的是个体 x 在形容词 A 所引导的量级上具有程度 d，程度 d 的到最大值(上限)和最小值(下限)的距离相等。从语义上来说，半满＝半空。如(34)：

(34) a. $[[半]] = \lambda G \lambda x. \exists d[G(x)(d) \wedge MAX(Scale(G))$
$- d = d - MIN(Scale(G))]$

b. $[[半满]] = \lambda x. \exists d[满(d)(x) \wedge MAX([[满]])$
$- d = d - MIN([[满]])]$

c. $[[半空]] = \lambda x. \exists d[空(d)(x) \wedge MAX([[空]])$
$-d = d-MIN([[空]])]$

只有当 d 的取值是 0.5 的时候，MAX([[满]])$-d = d-MIN$ ([[满]]) 的运算结果才和 MAX([[空]])$-d = d-MIN$([[空]])一样。而这正是我们关于"半"的语义直觉。

相对形容词和绝对形容词的对立还体现在与（不同）程度词的搭配限制上面。因为具有上限，顶端封闭型形容词可以被程度副词"差一点、几乎"等修饰，开放型形容词一般不能。实际语感如理论所预测，比如可以说"差一点满"，但一般不说"差一点高/矮、差一点美/丑"等。

其次，封闭型的形容词内部也有差异。顶端封闭型形容词可以被程度词"完全、百分百"修饰，不用"有点"修饰；底端封闭型的形容词因为没有上限，不能被"完全、百分百"修饰，但可以被"有点"修饰。形容词"安全"具有上限而没有下限（只有当所有的风险因素都被排除了之后，才能认为是安全的），"危险"则只有下限而没有上限（任意非零的风险都会导致危险）。前者可以用"百分百"来修饰，一般不用"有点"修饰；后者可以用"有点"修饰，不用"百分百"修饰：

(35) a. 茅台是食品，也不一定**百分百安全** / ＊百分百危险。

b. 高速开车**有点危险**/＊有点安全。

依据和副词搭配的限制以及语义蕴含关系的不同，汉语等级形容词的分类如表 3-2：

表 3 - 2　汉语中绝对形容词与相对形容词的语义蕴含与分布

		绝对形容词			相对形容词
		两端封闭型(具有最大和最小标准)	顶端封闭型(具有最大标准)	底端封闭型(具有最小标准)	(两端开放型:没有最大和最小标准)
	示例	空、满、开、闭、熟、生、透明	干净(清洁)、干、直、纯洁、安全	脏、湿、弯、危险	高、矮、大、小、宽、窄、重、轻
与副词的搭配限制	能否被"半"修饰	+	-	-	-
	能否被"差不多、完全、百分百"等修饰	+	+	-	-
	能否被"有点"修饰	+	-	+	?
语义蕴含关系	x 比 y A ⇒ x 不 A	+	+	-	-
	x 不 A ⇒ x 为 B	+	+	+	-
	x 半 A ⇒ x 不 A	+	+	NA	NA

综上,把量级结构的概念引入对形容词等级性的语义本质的探索,对形容词进行分类,有充分的事实根据和理论解释需求。

3.5　其他问题

3.5.1　形容词的数量特征与内部分类:与石毓智(2003)的比较

石毓智(2003)提出可以依据形容词的数量特征对形容词进行内部分类。他以能否被"有点、很、最"三个程度词修饰,把形容词分为四种类型:量级序列形容词、百分比类形容词、极限类形容词、正负值形容词。其中量级序列形容词能受"有点、很、最"的修饰,百分比类形容词只能受"完全"类程度词的修饰,极限类形容词能受"最"的修饰,正负值形容词被程度词修饰的能力最弱。各类形容词示例如下:

(36) a. 量级序列形容词:老、静、平、热、歪、浅、空、苦、硬、直、远、安全

b. 百分比类形容词:一样、垂直、平行、等同、雷同、混同、相当、相仿

c. 极限类形容词:本质、主要、次要、新式、昂贵、新潮、新式、老式、大型

d. 正负值形容词:男—女、单—双、公—母、总—分、已婚—未婚、国营—私营

石毓智的这一分类体系存在几个问题。首先,Lin & Peck (2016)指出,这一分类不能对形容词内部不同的语义蕴含关系做出准确的预测和合理的解释。"平、空、直、安全、老、静、难"等形容词都被归为同一类(量级序列形容词)。实际上,这些形容词内部是有差异的:"平、空、直、安全"等形容词和其他形容词在比较句、否定句中的蕴含关系不同。"甲比乙{平、空、直、安全}"蕴含"乙不{平、空、直、安全}",反之,"甲比乙{老、静、难}"不蕴含"乙不{老、静、难}";说"x 不{平、空、直、安全}"蕴含 x 具有这些词的反义形式所具有的属性,说"x 不{老、静、难}"不蕴含 x 具有这些词的反义形式所具有的属性,如:

（37）a. 伊拉克比叙利亚安全。⇒ 叙利亚不安全。

　　　b. 哥德巴赫猜想比黎曼猜想难。⇏ 黎曼猜想不难。

（38）a. 叙利亚不安全。⇒ 叙利亚危险。

　　　b. 秋天的北京不热。⇏ 秋天的北京冷。

　　其次，石毓智对量级序列形容词和百分比类形容词的区分存在分类标准不一致的问题。按照他的观点，百分比类形容词之所以被如此分类是因为它们能被表示比例的副词（如"完全、全、全部、几乎"）修饰。实际上，许多被归为同一类的形容词（如"空、直、满、聪明、红、高"）中，有些能被"完全"修饰（完全空了｜完全直了｜完全满了），有些不能（＊完全聪明了｜＊完全高了）。这表明能否被"完全"修饰既不是区分量级序列形容词和百分比形容词的充分条件，也不是必要条件。

　　再次，虽然石毓智提到了形容词的量的特征对形容词的句法行为的制约关系，但是他没有深入讨论什么是"量"？"量"的本质是什么？石毓智（2003：13）提到"自然语言中蕴含着深刻的数学思想"，但是并未言明到底是什么数学思想？如何应用这一数学思想来进行语言学分析？缺乏对"量"的科学的、精确的定义，导致他的理论基础不牢靠。

　　本章的分析不会面临上述问题。一方面，本章把程度定义为对事物或个体某种属性的量的抽象测量，对"量"做出了更科学的、更形式化的定义；另一方面，本章依据量级结构的不同，把等级形容词分为绝对形容词和相对形容词，能更准确预测到形容词在语义蕴含关系和与副词搭配限制上的差异。

3.5.2　绝对形容词的等级性

　　朱德熙［1956（1980）：5］以"真、假、错、横、竖、紫、温"等为例，提出这类形容词是"绝对的性质形容词,在意念上无程度区别"。本文认为,绝对形容词和相对形容词的区别不在于是否具有等级性(即语义满足条件存在程度差异),而在于各自所涉及的量级结构和比较标准的确立方式不同:相对形容词引导的量级结构没有上限也没有下限,比较标准由语境决定,而绝对形容词引导的量级结构具有上限或/和下限,比较标准通常不依赖于语境。绝对形容词也具有等级性。比如它们都能被"很、非常"这样的程度副词修饰,能进入比较句、"越来越 A"结构等,如下面采自 BCC 语料库的实际语料所示:

(39) a. 尼克松访问中国只带了两名秘书,没有必要带警卫人员,因为中国是**很安全**的。

b. PayPal 首席安全师:未来 Android **比 iPhone 安全**。

c. 随着社会治安的逐步好转,公安部门打击罪犯力度的加大,夜班司机的运营会**越来越安全**。

绝对形容动词具有等级性也得到了学界的认可。聂志平、田祥胜(2014)观察到,典型绝对形容词如"真、假"在句子中可以担当谓语、定语、补语等,能受"不"的修饰,能受"很、更、非常、太、比较"等程度副词的修饰:

(40) a. 更要紧的是我们看到的人物比较全,也比较真。

b. 待了半天,怪青年果然预备好了一段话,说得很慢,很真,很清楚。

(41) a. 只不过怨倒是真的,那恨有点假。

b. 人们发现有人认为这戏很假,不合情理,"难道我们
的生活是如此的吗?"

罗琼鹏(2016)进一步观察到,"真、假"内部也有差异。比如
"假"受表示小量的程度副词"一点儿、有点儿"的修饰很自然["有点
假、一点(儿)假"],但是一般不受"差不多"的修饰,"差不多假"一般
不说;反过来,"真"受"一点儿、有点儿"的修饰不自然,一般不说"有
点真",反之,"差不多真"就比较自然。他指出,"真"的词汇语义和
与事实真相相似的程度有关,而"假"的语义和与事实真相的偏离度
有关,这使得它们具有等级性。"真"引导的量级结构上的程度只有
上限而没有下限,"假"引导量级结构上的程度只有下限而没有上
限,而典型的性质形容词如"高、矮、漂亮"等引导的量级结构上的
程度既没有上限也没有下限。引入量级结构的概念可以对"真、
假"内部差异以及"真、假"和其他形容词的差异做出更合理的
说明。

3.5.3　相对形容词的主观性

相对形容词所引导的量级结构没有上限,也没有下限,它们的
比较标准更容易受到说话人的目的、期望、认知状态以及其他非语
言语境因素的影响。这一点反映在用法上,体现为它们更具有主观
性。在自然语料中,我们发现了不少相对形容词被"有点"修饰的例
子。下面的例子来自 CCL 语料库:

(42) a. 虽然,桑塔纳、捷达、富康、夏利等国产名牌轿车的
价格,与前几年比已经有了大幅度的降低,但相对
于中国百姓的实际收入来说,还是有点高。

b. 当我突然发现，我开始留意到黑泥的头发有点长了。

c. 这位奥运会全能银牌得主说："到最后我很疲劳，觉得自己真的有点老了。"

和"有点"修饰下限形容词不同，"有点＋相对形容词"的语义解释通常需要更多的语用充实（pragmatic enrichment）。比如"有点高"，比较标准通常和说话人的当前目的或者期待有关。足球教练选拔运动员，身高一般不超过一米九。小明身高一米九二，在这种情况下，教练会说"有点高"。与之相对，"有点脏、有点湿、有点危险"等结构的语义解释通常不需要特别的语境或者语用充实。

Kennedy(2013)讨论了两类主观意义的来源，其中一类则是因为比较标准不确定造成的。比较标准的确定方式和主观/客观这对经常讨论的范畴之间无疑存在密切的联系。今后的研究将会进一步探讨主/客观与形容词的绝对/相对之间的相关性的问题。

3.6　结语

虽然学界早已注意到形容词的语义满足条件具有程度差异，依赖于一定的比较标准，但是，什么是程度，如何用更为精确的、更符合直觉的手段来表述程度等问题，则一直未能引起学界足够的重视。本章从程度的本体论角度出发，提出程度是对事物或个体具有的某种属性的量的抽象表达，可以用满足偏序关系的刻度进行定义。程度的集合构成量级，量级是偏序集，具有不同的类型。依据形容词所引导的量级结构的不同，形容词可以分为相对形容词和绝对形容词,相对形容词所引导的量级结构没有上下限,比较标准由语境提供;而绝对形容词(具有上限的形容词、具有下限的形容词、既有上限又有下限的形容词)比较标准由量级上的上限或者下限提供。这一新的思路可以对形容词内部(不同)语义蕴含关系和与程度副词的(不同)搭配限制做出更准确的预测和更合理的说明。

本章的分析表明,朱德熙认为性质形容词内部在**语义**上存在巨大差异乃真知灼见。他提出绝对性质形容词和相对性质形容词的区分,我们的分析则进一步印证了性质形容词内部不但可以细分为不同的次范畴,而且这一分类背后存在更深层次的语义理据。

(本章发表于《汉语学习》2018 年第 1 期,略有删改)

第4章 形容词个案研究：程度、量级与"真"和"假"的语义

4.1 引言

朱德熙[1956(1980)]把形容词分为简单形容词(甲类)和复杂形容词(乙类)，前者表示性质，后者表示这种性质的状况或情态。朱先生敏锐地观察到："甲、乙两类成分内部并不是完全一致的。从表面看，乙类的情况似乎要比甲类更复杂，事实上却不然，各种乙类成分之间虽然存在着差别，但这种差别是次要的；……甲类成分的情形就不同了，[内部]有极其显著的区别"[朱德熙 1956(1980：6)]。本章从程度和量级结构的角度，考察"真、假"这一对有一定典型意义的形容词的语义。本章试图证明，根据形容词的语义本质——尤其是形容词所引导的量级结构——的不同，对形容词作出更精微的分类，不但符合我们的语言直觉，从语义学理论来说，还完全可行，而且十分必要。

本章余下的部分分为五个小节。第二节简要回顾当前对形容词"真、假"的有关研究及其问题；第三节考察"真、假"的等级性意义和相关的语法分布；第四节介绍程度语义学的基本概念和分析手段，并展示如何将之用于分析"真、假"的语义。第五节进一步探讨

从量级结构的角度对形容词作出更精微分类的必要性和可行性。最后是结论。因为篇幅所限,本章暂不讨论做程度副词用法的"真"的语义(如"真漂亮、真干净"等)。

4.2　形容词"真、假"的问题

朱德熙[1956(1980)]列举"真、假、错、横、竖"等作为典型的"绝对的性质形容词",认为这些形容词"在意义上没有程度区别,不能受程度副词修饰"[朱德熙 1956(1980:5)]。吕叔湘(1966)也持有相类似的观点。另外一些学者也把"真"和"假"看作是区别词(邢福义 2003;方清明 2012)。近年来,许多学者通过对实际语料的考察,提出"真、假"应该看作如"高、矮"、"漂亮"等一样的典型性质形容词。比如,聂志平、田祥胜(2014)(以下简称为聂田文)观察到:(A)"真"和"假"在句子中可以担当谓语、定语、补语等,能受"不"的修饰,这些都是性质形容词的典型特征;(B)"真、假"可以受"很、更、非常、太、比较"等程度副词的修饰[相似的观察还可见于宫下尚子(2002)]。下面的例子来自聂田文:

(1)"真"能被"比较、很、太、更、最"修饰。如:

　　a. 这样才比较的"全",不但文字"全"了,更要紧的是我们看到的人物比较全,也<u>比较真</u>。

　　b. 待了半天,怪青年果然预备好了一段话,说得很慢,<u>很真</u>,很清楚。

　　c. 我忽然觉得,那一脸的狰狞正是快乐的极致,正是狂喜的顶点,正是瞬间的真面目。因为<u>太真</u>了,表情则无法预料了,也美得动人了。

(2)"假"能被"有点、很、太"三个程度词修饰,如:

a. 只不过怨倒是真的,那恨<u>有点假</u>。

b. 人们发现有人认为这戏<u>很假</u>,不合情理,"难道我们的生活是如此的吗?"

c. 巩俐为"美的"空调做广告,金口一开银牙一露,一笑值百万,尽管人们评价她笑得<u>太假</u>了,只能打 40 分,但"美的"老板却宣称:"巩俐给他带来的效应是一百个一百万。"

　　"真、假"可以作形容词使用是一个很有意思的观察。但是它们真的和"高、矮、美、丑、聪明、愚蠢"等典型的性质形容词在语义上是一类吗?实际语料表明,"真、假"和"高、矮、美、丑"这样的典型性质形容词在语义上有不同。首先,"真、假"和其他的性质形容词在语义蕴含关系上面有区别。当"高、矮、漂亮"等用于比较句(构成"X 比 Y 更 A"的结构)的时候,一般不蕴含"X 有 A 的性质"。与之相对,"真、假"在比较结构中,通常蕴含"X 为假/X 不真"。这一对立如(3)和(4)所示:

(3) a. 张三比李四高。⇒ 张三高。

　　b. 张三比李四矮。⇏ 张三矮。

　　c. 张三比李四漂亮。⇏ 张三漂亮。

(4) a. 故事 A 比故事 B 更假。⇒ 故事 A 假。

　　b. 故事 A 比故事 B 更真。⇒ 故事 B 不真。

例(3)中前后两个例子都没有蕴含关系，如"张三比李四高"不蕴含"张三高"。(4)中的例子有蕴涵关系：如果故事 A 比故事 B 更假，则故事 A 一定是假的。

其次，"真、假"和"高、矮、漂亮"这样的性质形容词对程度副词的选择不尽相同。如程度副词"半"可以修饰"真、假"，但是不能修饰"高、矮、漂亮、丑陋"：

(5) a. 他的话半真半假/半真半假的爱情

b. *半高/*半矮、*半漂亮/*半丑陋、*半愚蠢半聪明

最后，"真、假"内部也有差异。比如聂田文也注意到，"真"相比于"假"，更容易受程度副词的修饰（但是他们没有对此做出解释）。另外，"真、假"对程度副词的选择不完全一致。比如"假"受表示小量的程度副词"一点儿、有点儿"的修饰很自然["有点假、一点(儿)假"]，但是一般不受"差不多"的修饰，"差不多假"一般不说；反过来，"真"受"一点儿、有点儿"的修饰不自然，一般不说"有点真"或者"一点(儿)真"，但是"差不多真"就比较自然。

综上所述，如果把"真、假"和其他形容词相比较，有三个问题需要更深入地回答：（一）为什么"真、假"可以受程度副词的修饰？（二）"真、假"和其他的形容词在语义上有何差异，使得它们和副词的搭配不同，语义蕴含关系不同？（三）"真、假"内部有何语义差异？我们先从第一个问题开始。"真、假"能受程度副词的修饰，主要是因为它们具有等级性。等级性是自然语言中绝大多数形容词的本质属性之一。

4.3　等级性与"真、假"的语法分布

等级性指的是某一表达式的真值语义需要依据某一比较标准来确定。比如即使知道张三高一米五,我们也不能确定"张三高"这个命题是为真还是为假。对这个命题的["X(很)高"]的真值意义的确定需要把张三的高度和某一语境提供的标准比较才能进行。假如小学三年级孩子的平均身高是一米三,而且张三是小学三年级学生,与这个标准相比较,"张三高"为真;又假如高中二年级学生的平均身高是一米八,张三是高中二年级学生,那么"张三高"为假。比较标准不同,真值意义不同。

等级性形容词和非等级性形容词可以通过一定的语法手段来甄别。一般来说,等级性的形容词可以有比较形式,可以被其他的程度副词修饰,可以构成相应的感叹句式,可以进入"越来越A"的结构等。以等级性形容词"高"和区别词"男"的对立为例:

(6) a. 张三比李四高。b. *张三比李四更男。

(7) a. 张三{相当/极端/比较/非常/很}高。

　　b. *张三{相当/极端/比较/非常/很}男。

(8) a. 张三好高啊!　　b. *张三好男啊!

(9) a. 张三越来越高了。b. *张三越来越男了。

程度副词最主要的语义贡献就是对形容词的等级性进行操作。但是,这并不表明能否受程度副词修饰是区分形容词和非形容词的充分必要条件,甚至也不是区分性质形容词和状态形容词的充分必

要条件。一般情况,状态形容词如"红通通、绿油油、冰冷、雪白"等很难被程度副词修饰,但这并不表示绝对不行。张斌(2010)注意到了许多状态副词受程度副词修饰的现象。比如"他的身体太冰凉了,赶紧把他抱到炕上去"就很自然。

等级性的概念可以说明"真、假"和其他形容词在语法分布上的共性。和典型的等级性形容词一样,它们一般能进入比较句,能进入感叹句,能进入同比句("X 和 Y 一样 A"),能进入"越来越 A"的结构中。下面是一些来自实际语料的例子:

(A)"真"、"假"可以进入比较句

(10) a. 更要紧的是我们看到的人物比较全,也比较真。

　　 b. 今天,晓麦教大家如何让假发更真的简单方法。

(11) a. 买房贷款,让单位提供了一个比较假的收入证明,现在银行要求我提供工资流水,该如何解决?

　　 b. "房价收入比"的确不准确,但其他数据更假……统计局的数据是虚,但数据综合、全面、客观。

(B)"真"、"假"可以进入感叹句

(12) 你演得太真了! 一直到如今,我还觉着你是一个焦仲卿。

(13) 感觉苏小姐对自己的爱就是一场梦魇,多么的假啊!

(C)"真"、"假"都可以进入"X 和 Y 一样 A"的同比句

(14) 游戏中也惊现了"聚划算"玩法,让玩家们感受到戏里戏外一样真,尽情享受优惠带来的好处。

(15) 为什么中国的足球宝贝和中国足球<u>一样假</u>?

(D)"真"、"假"都可以进入"越来越 A"结构

(16) 是真的吗,我总觉得<u>越来越真</u>呢。

(17) 这年头新闻越来越假,谣言<u>越来越真</u>。

(18)"历史文化名城"之称变得<u>越来越假</u>?

　　结论:能够受程度副词修饰不是区分形容词与非形容词的充分条件,甚至也不是区分性质形容词和状态形容词的充分条件,而是区分等级性形容词和非等级性形容词的充分条件。"真、假"作为形容词能被程度副词修饰,能进入比较结构、感叹句等,表明它们具有等级性(即前人分析中提到的"具有程度差异")。等级性——形容词的语义具有程度差异——虽然很早为汉语语法学界所注意到,但是一直缺乏明确的、精确的语义刻画方式。下文简要介绍 21 世纪第一个十年以来兴起的程度语义学以及这一理论对等级性形容词(包括"真、假"在内)的语义的处理。

4.4　程度语义学与"真、假"的语义分析

　　国外语言学界对形容词语义上的程度差异的观察和分析,最早可以追溯到 Sapir(1944)。和以往的语义理论不同,程度语义学把"程度"作为语义要素直接纳入了语义表达体系中。因为程度现象在自然语言中的普遍性,程度语义学引起了越来越多的学者的瞩目,已经成为当代语义学理论中最生机勃勃的理论之一(Cresswell 1976;von Stechow 1984;Kennedy 2001,2007;Kennedy and McNally

2005；最新的评论和介绍，可见 Morzycki 2015）。在程度语义学中，"等级性"是用"程度"来表述的。"程度"可以理解为刻度。就如对刻度的标记要依赖一定的测量工具（如尺子）来进行，对程度的标记也需要一个抽象的测量工具。这个工具就是"量级"。不是所有的程度的集合都是量级。量级是一个由程度（的集合）（用"D"表示）、部分关系"$\leqslant$"和维度（如"高度、聪明度、重量"等等）（用 DIM）组成的三元结构，S ＝＜D，$\leqslant$，DIM＞。下面的图示就是一个简单的量级，其中的 d_1，…，d_n 表示程度：

(19)
$$S\begin{cases} d_n \\ \cdots \\ d_3 \\ d_2 \\ d_1 \\ d_0 \end{cases}$$

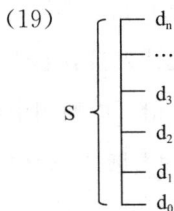

量级上程度之间构成部分关系 $\leqslant$，即 $d_1 \leqslant d_2 \leqslant \cdots \leqslant d_n$。$\leqslant$ 满足传递性：$\forall d, d', d'' (d \leqslant d' \wedge d' \leqslant d'' \rightarrow d \leqslant d'')$，反对称性：$\forall d, d' (d \leqslant d' \wedge d' \leqslant d \rightarrow d = d')$ 和自反性：$\forall d (d \leqslant d')$。量级还必须是线性的，也就是说，量级上的任意程度 d 都必须和另外一个程度构成"$\leqslant$"的关系。

　　从程度的角度来说，等级性形容词的语义，是个体和某一量级上的程度的二元关系。程度语义学和传统语义学最大的区别在于它把"程度"作为语义要素直接纳入了语义表达体系中。以形容词"高"为例，引入程度这一语义要素后，其语义可以描写为(20b)。(20b)表示的是"高到一定的程度"的意思〔其中的 λ（莱姆达算子）表

示论元引入,下同]:

$$(20)\ \text{a. 传统语义学:}[[\ \text{高}\ ]] = \lambda x.\ \mathbf{高}(x)$$
$$\text{b. 程度语义学:}[[\ \text{高}\ ]] = \lambda d\lambda x.\ \mathbf{高}(x) \geqslant d$$

程度语义学为更直观、更明确的刻画"真、假"的语义提供了工具。仔细思考"X(为)真"的语义。"X(为)真"表示的是 X 符合事实的真相。对事实真相的符合意味着<u>所有方面</u>都符合。需要注意的是,对事物是否符合事实真相做出判断是语言行为,而非事物自身的本体论的要求。就像 Williamson(1994)所指出的那样,很多时候,因为说话人知识的缺乏和认识的局限性,说话人没有办法对事物做出全面的、精确的判断。这一"无知"反映在语言的使用中就是含糊性。因为含糊性,本来有确定真值意义的词有时候也有等级性了,这就是"真、假"等级性意义在认识论上的来源。从这个角度上说,方清明(2012)认为"真"的程度意义来自确定义(确定义就是对事物是否符合事实真相的断定)不是没有道理。本章把"真"的等级性词汇语义定义为与事物真相的相似度。至于事实的真相,可以理解为<u>原型</u>,也可以理解为<u>典型</u>。为描写方便,本章借鉴布尔代数的有关定义,把绝对真的真值用"1"表示。为区分目标语言和元语言,本章用黑体的**事实的真相**表示元语言,非黑体的表示目标语言。"真"的词汇语义就是某个个体和事实的真相相似的程度的二元关系:某个个体接近事实的真相(或者原型/典型)超过一定的程度。相似性是有层级的,不同的个体,和真相的相似性会有程度的差别,这就是"真"的等级性意义的来源。"真"的词汇语义见表达式(21)所示:

(21) [[真]] = λdλx. **接近事实的真相**(x) ≥d

用同样的考虑我们可以给出"假"的词汇语义。与"真"不一样的是,"假"不是表示符合事实的真相,而是对事实真相的偏离。某一事物为真要求所有方面都为真,假则不然,任何非零的偏差都是假。"偏离"同样有程度的不同:不同的个体,对事实真相的偏离会有程度的差异。"假"的词汇语义如(22)所示:

(22) [[假]] = λdλx. **偏离事实的真相**(x) ≥d

相似性与偏离度,都有程度的差异。这使得作形容词用的"真、假"具有等级性的属性,在句法分布上表现为可以被副词修饰、进入比较句、进入感叹句、进入同比句、进入"越来越 A"结构等。上述的关于"真、假"的词汇语义不但准确预测了它们的句法分布,还能为更精确刻画它们与其他成分结合时的语义。考虑下面的例子:

(23) 我忽然觉得,那一脸的狰狞正是快乐的极致,正是狂喜的顶点,正是瞬间的真面目。因为太真了,表情则无法预料了,也美得动人了。

(24) 人们发现有人认为这戏很假,不合情理,"难道我们的生活是如此的吗?"

在例(23)中,"太真"表示的是他的表现(脸上的表情)与说话人能想象到的典型的相似的程度超过了说话人的期望,"表情"真(与最原型的表情相似的程度)超过了一定的程度而导致"无法预料"的后果的发生。在例(24)中,"很假"表示的是偏离的程度,意为这戏和人们理想中的典型的生活偏离的程度很大,超过了一定的标准而显得不合情理。

用"相似度"和"偏离度"同样可以分析"真、假"在比较句中的语义。考虑下面的例子:

(25) 我们之前看到的那个教程,虽然有用,但步骤多,很麻烦。今天,晓麦教大家如何让假发<u>更真</u>的简单方法。

(26)"房价收入比"的确不准确,但其他数据<u>更假</u>……统计局的数据是虚,但数据综合、全面、客观。

例(25)中的"更真"表示的(这个教程)可以使得假发和真发相似的程度大于原来那个教程能让假发和真发相似的程度。(26)表示的"房价收入比"这个方法得到的数据和事实真相偏离的程度小于其他的方法中的数据和事实真相的偏离的程度,换言之,"房价收入比"这个方法更接近事实的真相。

程度语义学"真、假"除了表示与事实的真相相似或者偏离,还能表示与某一事物的原型(或者典型)相似或者偏离的程度。比如某幅名画的复制品,评论家看了之后说"这幅画很真",表示的就是该复制品和其原画相似的程度很大(同样的,"很假"表示和原画偏离的程度很大)。从真相到原型(典型)可以看作是语义的类推机制[这方面经典的讨论可见 Kamp and Partee(1996)]。什么时候"真/假"分别表示和原型(典型)相似/偏离的程度,是一个值得进一步讨论的课题。限于篇幅,本章把这个课题留待后续的研究。

因为"真、假"的语义和与事实真相的相似或者偏离有关,当我们无法确定事实真相,或事实的真相不能被定义的时候,"真、假"也就不能被使用。在这种情况下,"真、假"在语义上就更像是区别词而非形容词。下面来自方清明(2012)的观察因而获得了更好的解释:

(27) a. 很好。| 他人好,我喜欢他。| 好好的书,你为什么弄破了。

b. 很真。| ＊ 他人真,我喜欢他。| ＊ 真真的书,你为什么弄破了。

名词"人"和"书"都表示属性,这一属性和事实的真相无关。"真、假"的语义和与事实真相的相似性或者偏离度有关。既然没有事实的真相,那么就无所谓相似性和偏离度。这导致了(27b)中"真"和"假"的用法不自然。由此可见,"真、假"的等级性意义源于其(非)确定意义。朱、吕、邢等诸位先生把"真、假"看作是区别词或者绝对的性质形容词不无道理。

4.5　量级结构与形容词内部的细分

程度语义学不但能更明确、精确地刻画"真、假"的语义,还为回答前文提到的另外两个问题——(一)"真、假"和其他性质形容词在语义上有何差异?(二)"真、假"内部有何差异? —— 提供了客观条件。前文提到,"真、假"和其他形容词(如"高、矮、重、轻、高、低、宽、窄、大、小"等)有系统性的差异。首先,"真、假"可以受表示比例

意义的程度副词,如"半"的修饰,形容词"高、矮、漂亮"则不行:

(28) *张三半{高/矮/漂亮}。

(29) 我觉得张三的话半{真/假}。

(30) 当你年轻貌美的时候,总有人用半真半假的爱情爱着你,向你献殷勤。

前文还提到,在比较句"X 比 Y(更)A"中,形容词"高、矮、漂亮"不蕴含"X 具有 A 的属性",而"真、假"则有这个语义蕴含。当我们说"故事 A 比故事 B 更假"的时候,蕴含故事 A 假;同理,"故事 A 和故事 B 更真"蕴含故事 B 不真。重复前文的例(4)如下:

(31) a. 故事 A 比故事 B 更假。⇒ 故事 A 假。

    b. 故事 A 比故事 B 更真。⇒ 故事 B 不真 。

再次,形容词"高、矮、漂亮"会导致累积悖论(Sorites Paradox),而"真、假"一般不会。源于古希腊的累积悖论和自然语言的含糊性密切相关。经典的累积悖论的表述如下:

(32) 前提一:如果 10000 粒沙子构成一堆沙子;

    前提二:那么,从 10000 粒沙子中拿出一粒沙子,剩下的 9999 粒沙子构成一堆沙子。依此类推,"n－1"粒沙子总是一堆沙子;

    结论:一粒沙子也是一堆沙子。

典型的性质形容词"高、矮、漂亮"都会导致累积悖论。以"高"为例:

> (33) 前提一:如果 A 具有高度 δ 是"高"(比如 200 厘米);
>
> 　　　前提二:如果 A 是高的,那么具有(δ—1 厘米)的 B 也是高的,依此类推,(δ—n 厘米)的人也是高的;
>
> 　　　结论:所有人都是高的(包括 δ—190 厘米＝10 厘米的人)。

与这类形容词不同的是,"真、假"并不会导致累积悖论。如:

> (34) 前提一:符合事实真相的都是真的。
>
> 　　　前提二:符合事实真相的程度少一分的也是真的。
>
> 　　　结论:符合事实真相的程度少九分的也是真的。

与(32)和(33)不同,(34)并不是一个有效的推理,因为第二个前提就不能成立:任何背离事实真相的,不管程度多少,都不是真的。既然前提不成立,所以结论也自然不成立。

"真、假"和其他形容词在语义表现和句法分布上的差异,可以归结到它们在词汇语义上的差异。形容词都可以看作从个体到量级上程度的二元关系,但是不同的形容词,具有不同的量级结构。"真"引导的量级结构只有上限,没有下限;而"假"引导的量级结构只有下限(任何非零的偏差都可以判定是"假"的),没有上限。"真"引导的量级结构如(35a)所示,"假"引导的量级结构如(35b)所示:

（35）

$$S_{真} \left\{ \begin{array}{c} \bullet \;\; 1 \\ \cdots \\ 0.3 \\ 0.2 \\ 0.1 \\ \circ \;\; 0 \end{array} \right. \qquad S_{假} \left\{ \begin{array}{c} \circ \;\; 1 \\ \cdots \\ 0.3 \\ 0.2 \\ 0.1 \\ \bullet \;\; 0 \end{array} \right.$$

a   b

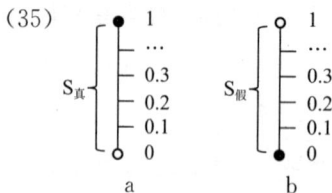

（35）揭示了"肯定/否定"对立的形容词之间的另一重要语义特征。如果用 A_{POS} 表示肯定向的形容词，A_{NEG} 表示否定向的形容词，A_{POS} 和 A_{NEG} 对立，则"X 是 A_{POS}"一定蕴涵"X 不是 A_{NEG}"，反之亦然。如果用 MAX([[A]]) 表示某事物被判定为 A 的最大程度（"1"），MIN([[A]]) 表示某事物被判定为 A 的最小程度（"0"），下面的两个等式是成立的：

（36）a. $MAX([[真]]) \Leftrightarrow MIN([[假]]) = 1$

b. $MIN([[真]]) \Leftrightarrow MAX([[假]]) = 0$

设程度副词"半"的语义如（37b）所示，例（37a）中的"半真半假"的语义可以表述为（37c）：

（37）a. 当你年轻貌美的时候，总有人用**半真半假**的爱情爱着你，向你献殷勤。

b. $[[半]] = \lambda G_{<d, \,<e, t>>} \lambda x. \exists d[G(x)(d) \land MAX(Scale(G)) - d = d - MIN(Scale(G))]$

c. $[[半真]] = \lambda x. \exists d[$**接近事实的真相**$(d)(x) \land MAX([[真]]) - d = d - MIN([[真]])]$

$[[半假]] = \lambda x. \exists d[$**偏离事实的真相**$(d)(x) \land MAX([[假]]) - d = d - MIN([[假]])]$

只有当 d 的取值是 0.5 的时候,MAX([[真]])－d ＝ d－MIN([[
真]])的运算结果才和 MAX([[假]])－d ＝ d－MIN([[假]])]
的一样。而这正是我们关于"半"的语义直觉。

　　用集合论来表示的话,"真、假"和"高、矮、美、丑"等形容词所表
示的量级结构分别如(38a－c)所示:

　　(38) a. 真:{d｜0＜d≤1}
　　　　　b. 假:{d｜0≤d＜1}
　　　　　c. 高、矮、美、丑:{d｜0＜d＜1}

　　所谓"上限、下限",可以看作是从语义上对"真、假"的判定标
准:"X(为)真"的判定标准是 X 的<u>任意一方面</u>都要满足"真"的标准,
"X(为)假"则只要 X 具有<u>任意非零</u>的偏差即可。作为绝对形容词,
"真、假"可以受"半"的修饰,而既没有上限又没有下限的形容词(如
"高、矮、美、丑、聪明、愚蠢")等则不能;因为"真、假"的量级结构已
经包含了对"真、假"的判定标准,"真、假"一般不导致累积悖论,相
对形容词则可以;也正是因为这语义特点,"X 比 Y 更真"蕴含"X 不
真","X 比 Y 假"蕴含"X 假",相对形容词则没有这一语义蕴含
特性。

　　"真"、"假"内部的语义差异可以由它们对不同副词的选择限制
体现出来。因为"真"的引导的量级结构包含程度的上限(最大值),
所以"真"可以受"差不多"的修饰,不受只能修饰最小量的"一点、有
点(儿)"的修饰;反过来,"假"的量级结构包含程度的下限(最小
值),"假"可以受"一点、有点(儿)"的修饰,不受"差不多"的修饰。
这一对立的背后隐藏普遍的语义机制。

量级结构不但能对"真"和"假"之间的语义的细微差别作出更精确的刻画,还能加深我们对形容词语义本质的认识,具有一定的普遍意义。不同的形容词所引出的量级是不一样的:有的量级上的程度具有上限(最大值),有的量级上的程度只有下限(最小值),有的量级上的程度既有上限又有下限,而有的则既没有上限也没有下限。Kennedy & McNally(2005)指出,依据量级结构的不同,形容词可以分为两大类四小类:(a) 相对形容词和绝对形容词,后者又可分为三小类:(b) 具有上限的形容词(顶端封闭型);(c) 具有下限的形容词(底端封闭型);(d) 既有上限又有下限的形容词(两端封闭型)。这几类分类都可以在汉语中找到相应的证据。以下用"半、有点/一点(儿)、差不多/差一点"等三个程度副词作为测试手段,考察它们和不同类型的形容词的搭配限制,进而探讨汉语形容词的内部更精微分类的可行性。

首先,一般来说,只有封闭型形容词(所引导的量级有上限,或者有下限)才可以被程度副词"半"修饰,开放型形容词一般不能。比如"满",可以用"半"来修饰,可以说"半满",但一般不说"半{美/丑}、半{高/矮}"等;"半满"表示的是某个个体 x 在形容词"满"所引导的量级上具有程度 d,程度 d 到最大值(上限)和最小值(下限)的距离相等。相关例子如(39)所示:

(39) a. 封闭型形容词

半真/半假/半透明/半封闭/半干/半闭/半开

b. 开放型形容词

*半高/*半矮/*半重/*半轻/*半宽/*半窄/

*半长/*半短

其次,顶端封闭型形容词可以被程度副词"差一点"或者"差不多"修饰,开放型形容词和底端封闭型形容词一般不能。可以说"(瓶子)差一点满了",但一般不说"老王差一点{高/矮}了、差一点{美/丑}了"等。这是因为"满"所引导的量级结构既有上限(程度的最大值),也有下限。更多例子如(40)所示:

(40) a. 顶端封闭型形容词

　　差不多干净了/差不多干了/差不多直了/差不多纯净了/差不多安全了

　b. 底端封闭型形容词

　　＊差不多脏了/＊差不多湿了/＊差不多危险了/＊差不多弯曲了

　c. 开放型形容词

　　＊差不多高了/＊差不多矮了/＊差不多丑了/＊差不多胖了/＊差不多瘦了

形容词"干、湿"的量级结构也和"高、矮、美、丑"不同,"干"具有上限(某个物体是干的当且仅当每个部位都是干的),"湿"则只有下限而没有上限。它们之间的区别可以通过与副词"差不多"的搭配的不同来体现。"毛巾差不多干了"很自然。而"差不多脏了"一般不说。说汉语的人对"差不多美了/丑了"这样的表达式则几乎无法接受。

再次,底端封闭型形容词可以受"有点/一点(儿)"修饰,别的类型的形容词一般不能。如例(41)所示:

(41) a. 底端封闭型形容词

有点(儿)假/有点(儿)脏/有点(儿)湿/有点(儿)危险

b. 顶端封闭型形容词

＊有点(儿)真/＊有点(儿)干净/＊有点(儿)安全

这几类形容词可以用(42a—b)所示的量级图表示:

(42)

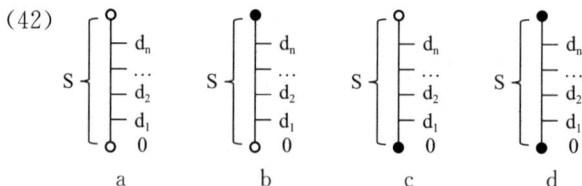

如果考虑前文所提到等级性形容词和非等级性形容词的分类的话,形容词依据其所引导的量级结构的不同,可以再细分为下面几类:

表4-1 程度视角下的形容词的再分类

	非等级性形容词	等级性形容词			
		相对形容词	绝对形容词		
			顶端封闭型	底端封闭型	两端封闭型
例子	男/女/已婚/未婚	高/矮/美/丑/胖/瘦	干净/安全/干/直/纯净	脏/危险/湿/弯/杂	空/满/透明/开/闭/可见/不可见
说明	⊆区别词	既没有上限也没有下限	只有上限	只有下限	既有上限也有下限

　　本章的分析表明,形容词在语义上的不同会通过与副词的不同的搭配限制、不同的语义蕴含关系来体现。本章的分析还表明,形容词的分类具有更深的语义理据。这一理据具有普遍性。篇幅所限,我们只能留待另文继续深入讨论。

4.6　结语

　　本章的分析表明,朱德熙先生和吕叔湘先生把"真、假"这样的形容词看作是绝对(性质)形容词,并将之和其他形容词区分开来是有非常之洞见的:它们和其他的相对形容词在量级结构上有本质的区别。本章从(不同)形容词对不同副词的选择限制,(不同)形容词在不同的程度结构中的语义蕴含等角度证明了对(性质)形容词进一步做出区分的必要性和可行性。从形容词引导的量级结构的不同来对形容词进行更细致的分类,进而揭示形容词等级性的语义本质,是汉语语法学界值得关注的新课题。

　　　　　　(本章发表于《语言研究》2016 年第 2 期,略有删改)

第 5 章 程度语副词修饰形容词结构的语义研究:以"真假"组合为例

5.1 引言

等级性(gradability)指个体/事物的属性或性质存在程度上的差异。等级性反映在语义上体现为某一表达式的真值意义的确定需要依赖一定的比较标准才能进行。这一属性是自然语言中(绝大多数)形容词的本质属性之一。虽然国内语言学界对形容词的等级性属性并不陌生,但是因为种种原因,一直缺乏对等级性的形式、明确的语义的分析。与此相对,在国外语言学界,针对等级性的语义理论新思潮——程度语义学——却越来越受到众多学者的关注,目前已经发展为语义学领域最受瞩目的理论思潮之一(见 Russell 1923;Sapir 1944;Cresswell 1976;von Stechow 1984;Kennedy 2001,2007;Kennedy & McNally 2005;Morzycki 2015 等)。

本章有两个主要目的:(1) 向国内读者介绍程度语义学的基本构想和技术手段,尤其是有关"程度、量级"的相关概念;(2) 展示程度语义学如何为汉语中的一些比较棘手的问题提供新的分析视角,在帮助我们更好地描写汉语的同时,加深我们对相关现象的语义本质的认识。本章选取了"真假"这一组合作为典型来说明。

本章分为五个小节。第二节简单讨论"真假"组合的问题。第三节进一步考察"真假"组合的语法性质,指出"真"是程度副词,作形容词用的"假"具有等级性。第四节介绍程度语义学如何更好地研究"真假"组合的语义。第五节讨论本章的思路对于研究其他相关现象可能带来的启发。最后是结语。

5.2　"真假"组合的问题

现代汉语中"真、假"的用法与命题和客观世界对应的事实的状态是否相符(真)或者违背(假)有关,如"秦始皇死于公元前 210 年是真的","秦始皇死于公元 210 年是假的"等,前者对命题做"真"的判断,后者则认为命题与事实相违背。但是"真、假"在实际语料中的使用情况远为复杂。考虑下面实际语料中的例子(1):

> (1) 看完电视剧《花千骨》后,小丽对小明说:
> 　　小丽:这个故事好感人啊!
> 　　小明:我觉得啊,这个故事真假!

小明的回答非常的自然。很明显小明的回答并非对《花千骨》中的故事与事实相符还是违背做判断(因为没有什么东西会既真又假),小明的回答是对这个故事的"假"的程度做出评价。虽然我们理解这个句子的语义完全没有问题,但是作为"明确而且精确"的语义分析,任务并不那么简单:首先我们需要回答,这里的"真"的评价语义该如何刻画?"假"的语义又该如何描写?

对这样的问题的处理,语言学家首先是对"真"和"假"在词性上定性,并对语义特征(义项)做出归纳。在汉语语法学界,围绕"真、假"的语义特征和定性,存在不同的观点。一种观点认为它们是区别词(邢福义 2003)或者绝对性质形容词(吕叔湘 1966);一种观点认为它们是性质形容词,具有典型性质形容词的句法特点和语义(宫下尚子 2002;聂志平、田祥胜 2014);还有一种观点认为它们既可以是副词,也可以是区别词,但不能是形容词(方清明 2012)。引起这诸多争议的部分原因是语法学界一直没有发展出一套可以被语义学家群体所接受的、能够被证伪的形式语言对"真、假"的语义机制进行刻画和说明。

为了进一步讨论"真假",我们需要对"真假"的语法属性展开进一步的讨论。下文先从形容词的等级性谈起。

5.3 等级性与"真、假"的语义特征

5.3.1 形容词的等级性

城市都会有这样一个路标,上面写着"进入城区,请减速行驶"。从真值语义上分析,什么是"城区",什么又是"郊区"?"城区"和"郊区"的精确的分界线在哪里?恐怕再专业的规划人员也没法回答这个问题。因为总是存在一定的区域,人们对这个区域的真值意义(X 是城区或者郊区)无法做出确定的答复。这个区域叫作"边缘个体"。除了允许边缘个体的存在,很多自然语言中的形容词的真值意义的确定通常依赖于某一比较标准。这一属性就叫等级性。考虑最常见的形容词"高"。假如张三高一米五,"张三高"是为真还是为假?我们不能确定。对这个命题的[X(很)高]的真值意义的确定需要把张三的高度和某一标准比较才能进行。假如小学三年级孩子

的平均身高是一米三，与这个标准相比较，"张三高"为真；又假如高中二年级学生的平均身高是一米八，张三作为高中二年级学生，那么"张三高"为假。很显然，下面的句子是可以接受的：

    （2）小学三年级的明明身高一米四，很高；高中二年级的伟伟身高一米五，很矮，但是伟伟比明明高。

    上述句子可以接受是因为"明明的高度"和"伟伟的高度"有不同的比较标准，比较标准不同，真值意义不同。等级性形容词和非等级性形容词（比如现代汉语中的区别词）在语法分布上的区别可以通过一定的语法手段来甄别。一般来说，等级性的形容词可以有比较形式，可以被其他的程度副词修饰，可以构成相应的感叹句式，可以进入"越来越 A"的结构等。以等级性形容词"漂亮"和区别词"未婚"的对立为例：

    （3）a. 张三比李四漂亮。
        b. *张三比李四更未婚。
    （4）a. 张三{相当/极端/比较/非常/很}漂亮。
        b. *张三{相当/极端/比较/非常/很}未婚。
    （5）a. 张三好漂亮啊！
        b. *张三好未婚啊！
    （6）a. 张三越来越漂亮了。
        b. *张三越来越未婚了。

    程度副词的最主要的语义贡献就是对形容词的程度进行操作。

因为等级性形容词的真值语义是有程度差异的,它们都可以受程度副词的修饰。就汉语形容词而言,一般来说,性质形容词(如"红、白、聪明、高"等)可以被程度副词修饰,状态形容词如"红通通、绿油油、冰冷"等很难被程度副词修饰,重叠式的形容词,不管是性质形容词还是状态形容词,都很难被程度副词修饰(张斌 2010)。

但是,能被副词、程度副词修饰的形容词都具有语义共性:等级性。是否"真假"组合中的"假"也具有等级性呢?

5.3.2 "假"是等级性形容词

现代汉语中的"假"具有等级性形容词的典型特征。表现在它能被程度副词"很、太、一点"修饰,能用于比较句中、能用于感叹句中、能进入同比句("X 和 Y 一样 A")中、能进入"越来越 A"的结构中等。

(A)"假"能被"有点、很、太"三个程度词修饰,如:

(7) a. 只不过怨倒是真的,那恨有点假。

　　b. 人们发现有人认为这戏很假,不合情理,"难道我们的生活是如此的吗?"。

　　c. 巩俐为"美的"空调作广告,金口一开银牙一露,一笑值百万,尽管人们评价她笑得太假了,只能打 40 分。

(B)"假"可以进入比较句

(8) a. 买房贷款,让单位提供了一个比较假的收入证明,现在银行要求我提供工资流水,该如何解决?

　　b. "房价收入比"的确不准确,但其他数据更假……统计局的数据是虚,但数据综合、全面、客观。

(C)"假"可以进入感叹句

(9) 感觉苏小姐对自己的爱就是一场梦魇,多么的假啊!

(D)"假"可以进入"X 和 Y 一样 A"的同比句

(10) 为什么中国的足球宝贝和中国足球一样假?

(E)"真、假"都可以进入"越来越 A"结构

(11) 这年头新闻越来越假,谣言越来越真。

(12)"历史文化名城"之称变得越来越假?

5.3.3　"真"是程度副词

很多语法分析建立了"真"可以做程度副词使用的结论(见方清明 2012;宫下尚子 2002 等)。这一结论体现在"真"可以修饰形容词、能修饰动词、在句法分布方面和典型的副词相同:

(13) 这个游戏看起来挺难的,试过以后发现,还真挺难的。

(14) (有乘客往车上挤)某车上乘客说:车上真挤不进人了。

(15) a. 你脚上穿的皮鞋真不错,哪儿买的。("真"修饰形容词)

　　　b. 我真喜欢这只兔子!("真"修饰心理动词)

　　　c. 他真能干。("真"修饰能愿动词)

"真"的分布和典型的程度副词,如"很"类似。如(16)所示:

（16）a. 今天天气真好！｜我真喜欢这只兔子！｜他真能干。

b. 今天天气很好！｜我很喜欢这只兔子！｜他很
能干。

5.3.4 小结

通过对实际语料的整理可以建立两个结论：（1）现代汉语中的
（一些）"假"（的用法）具有等级性形容词的语义特征，在句法分布上
面和其他的等级性形容词相似；（2）现代汉语中的"真"已经发展为
程度副词，所以可以修饰形容词"假"。

5.4　量级与程度："真、假"的程度语义

应该来说，国内很多研究都提到了用"程度"的概念来分析形容
词的语义（如聂文说"真、假"能被程度副词修饰是因为"真、假"的语
义有"程度之分"）。但是，这些有关程度的表述都缺少明确而且精
确的定义。为了克服这个问题，本章借鉴近程度语义学的相关工具
和手段来重新定义"程度、量级"（scale）等概念。①概念上的厘清将会
让我们对包含"真、假"在内的形容词的语义本质获得更深的认识。

和以往的语义理论不同，程度语义学把"程度"作为语义要素引
入了语义表达体系。在程度语义学中，"等级性"是用"程度"来表述

---

① 有关程度语义学的相关论述，可见 Cresswell（1977），Kennedy（2001，
2007），Kennedy & McNally（2005），Morzycki（2014）并相关参考文献。

的。"程度"可以理解为刻度。[①]就如对刻度的标记要依赖一定的测量工具(如尺子)来进行,对程度的标记也需要一个抽象的测量工具。这个工具就是"量级"。不是所有的程度的集合都是量级。量级是一个由程度和偏序关系(partial ordering)组成的二元结构,S = <D, ≤>。下面的图示就是一个简单的量级,d_1, ..., d_n 表示程度:

$$
(17) \quad S \left\{ \begin{array}{l} d_n \\ \cdots \\ d_3 \\ d_2 \\ d_1 \\ d_0 \end{array} \right.
$$

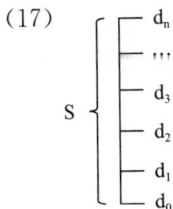

量级上程度之间构成偏序关系,即 $d_1 \leqslant d_2 \leqslant \cdots \leqslant d_n$。偏序关系要满足传递性($\forall d, d', d'' [d \leqslant d' \wedge d' \leqslant d'' \rightarrow d \leqslant d'']$)、反对称性($\forall d, d' [d \leqslant d' \wedge d' \leqslant d \rightarrow d = d']$)和自反性($\forall d [d \leqslant d']$)。量级还必须是线性的(linear),也就是说,量级上的任意程度 d 都必须和另外一个程度构成"≤ "的关系。量级上的程度还必须是密集的(dense)。它们的定义如下(Morzycki 2015:106):

　　(18) 具有 ≤ 关系的程度的集合 S 构成一个量级当且仅当就任意的 d,d' 而言($\forall d, d' \in S$):

　　　　(i) ≤ 是线性的:$d \leqslant d' \vee d' \leqslant d$ (要么 $d \leqslant d'$,要么 $d' \leqslant d$)

　　　　(ii) ≤ 是密集的:$d \leqslant d' \rightarrow \exists d'' \in S [d \leqslant d'' \vee d' \leqslant d'']$

---

　　① 从本体论的角度上说,有两种理解"程度"的思路,一种思路认为"程度"是刻度(points),另一种观点认为"程度"是区间(interval)。本章从前者。

（如果 d≤d'，则一定存在 d''，并且要么 d≤d''，要
么 d'≤d''］）

　　形容词的语义是从个体到程度（基于某个量级）的关系。比如
"高"，是个体到"高度"的量级上的程度的关系。这样，形容词的语
义类型不再是传统的＜e，t＞，而是＜d，＜e，t＞＞，其中，d 是程度
的类型，e 是个体的类型。程度语义学的语义运算方式和传统语义
学一样，都主要采用"函数应用"来进行。程度语义学对（等级性）形
容词的语义分析通常采用类似（19）的处理方式：

　　(19) $[[\ 高\ ]] = \lambda d \lambda x.\ \textbf{tall}\ (x) \geq d$（类型：＜d，et＞）

　　如果形容词的语义是引导一个量级的话（如"高"引出关于"高
度"的量级："X 高"表示 X 高到一定的程度；"X 漂亮"表示 X 漂亮到
一定的程度，以此类推），那么，修饰形容词的程度副词的最主要的
语义贡献是对程度进行操作：副词选取一定的程度，表示某个个体
具有的相关程度超过一定的标准。不同的程度副词选取的比较的
标准不同，但是它们之间有语义共性。
　　下面以"张三很高"为例来介绍程度语义学的运作方式。首先，
"高"表示某个个体和"高度"量级上的程度的关系（其语义类型是＜
d，＜e，t＞＞。程度副词"很"的主要作用是对这个关系进行操作。
"很"选取一个某一语境决定的基准（Norm）作为比较标准。也就是
说，"X 很高"意味着 X 高的程度超过了这一基准。① "很"的语义类

---

① 关于"很"的程度语义，此处仅简单讨论。

型是$<<d,<e,t>>,<e,t>>$),这一语义类型和形容词的类型$<d,et>$结合,产生新的类型$<e,t>$。"很"的语义表述如(20)所示。因为程度总是依赖于语境,我们引入下标"C"来表示受语境影响的关系。"张三很高"的语义推导如(21)所示:

(20) $[[很]] = \lambda G_{<d,<e,t>>} \lambda x. \exists d[G(x)(d) \wedge d \geqslant$ $\mathbf{Norm}_C(G)]$

(21) (a) $[[很]]([[高]]) = \lambda x. \exists d[\mathbf{tall}(d)(x) \wedge d \geqslant$ $\mathbf{Norm}_C(\mathbf{tall})]$

(b) $[[张三很高]] = \exists d[\mathbf{tall}(d)(\mathbf{Zhangsan}) \wedge d \geqslant$ $\mathbf{Norm}_C(\mathbf{tall})]$

"$\exists d[\mathbf{tall}(d)(\mathbf{Zhangsan}) \wedge d \geqslant \mathbf{Norm}_C(\mathbf{tall})]$"表示"张三很高"为真当且仅当存在一个超过某一语境提供的高度的基准的程度,张三的高度超过这个基准。注意这个比较标准是由语境决定的(用下标"C"表示),比较标准不同,真值也不同(假如张三身高一米九,在韩国人里面是高个子,满足"很高"的标准;在 NBA 球员里面,则不满足"很高"的标准)。

程度语义学为"真假"词汇语义的表述提供了直接的工具。先看作形容词用的"假"的语义。"假"本来的语义是对事实判定非真。也就是说,只要对事实真相的非零的偏离,都可以认为是假的。用谓词"T"表示事实为真,"假"就是"T"以外的其他可能性。从程度语义学的角度来说,这些违背事实的可能性构成一个量级:不同的事件对事实的真相(或者典型)的违背(偏离)有程度的区别。我们把这个量级定义为"偏离事实的量级",用谓词 **deviation_from_T**(DFT)

表示。引入这个谓词以后，"假"可以看作是一个从个体到偏离事实的程度的关系，其类型是<d, <e, t>>。[1] (22)表示的是"假"的词汇语义：

$$(22) [[假]] = \lambda d \, \lambda x. \text{ deviation\_from\_T}(d)(x) \quad (<d, <e,t>>)$$

如果"假"提供了一个偏离事实的量级，作为程度副词的"真"是对这个量级的操作，换言之，"真"的语义不是逻辑真假的"真"，而是表示某个个体的程度和这个个体的典型之间的相似的程度很大，大到超过一定的标准。这个标准是说话人的主观期待的标准，因人因语境而异。形式化一点说，"真"是对"假"所表述的偏离事实的程度的量级的操作，"真假"选取了一个程度，这个程度和某个典型的程度之间的相似大到了超过主观期待的标准。[2]如果用谓词"**similarity**"表示相似性（"相似性"是一个二元关系），"**large**"表示是对"相似性"的操作，d_0表示典型的程度，"真"的语义表述如(23)所示：

$$(23) [[真]] = \lambda G_{<d, <e,t>>} \, \lambda x. \, \exists d [G(x)(d) \wedge \mathbf{large}_c(\mathbf{similarity}(d, d_0))]$$

---

[1] 为方便讨论，本章用真值"1"表示最典型的为真的情况，用"0"表示最典型的为"假"的情况。

[2] 对"假"的语义分析还需要交代语言学和哲学的接口，语义和语用的接口。哲学分析提供"真值"的精确定义，语用则提供"大"的程度的参照标准。人们对自然语言的意义的理解肯定同时涉及多方面的因素（逻辑、语义和语用）。语义学关心的只是哪些语义要素是语义表述中必须有的，哪些是可以交给语用去处理的。与哲学家相比，语义学家往往不那么关心本体论的问题。本章也暂时不讨论"真、假"的本体论的问题。

从语义类型上说,"真"的类型是$<<d,et>,<e,t>>$。这个类型可以和"假"结合,生成类型$<e,t>$。在讨论"真假"的语义组合之前,我们还需要考察下"真假"的句法构造。

依据 Kennedy(2001,2007)的相关假设,我们认为"真假"这样的"Adv+Adj"在句法上构成一个程度短语(Degree Phrase,DegP)。这个短语的中心是程度副词"真","真"的补足成分是以"假"为中心的形容词短语(AdjP)。整个结构构造如(24)所示:

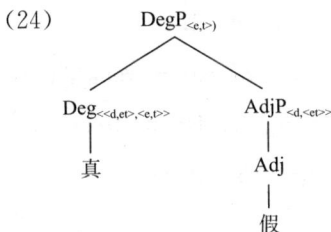

(24)

$$\begin{array}{ccc} & \text{DegP}_{<e,t>} & \\ \diagup & & \diagdown \\ \text{Deg}_{<<d,et>,<e,t>>} & & \text{AdjP}_{<d,<et>>} \\ | & & | \\ 真 & & \text{Adj} \\ & & | \\ & & 假 \end{array}$$

可以很容易为(24)的句法结构找到证据。在汉语中,"真假"组合与比较句(包括表示比较的词和短语)构成互补分布:

(25) a. * 比较起来,这个故事真假。

　　b. * 这个故事比那个故事更真假。

　　c. * 这个故事比那个故事还真假。

比较形式在句法上都投射一个程度短语,其中的比较词就是这个短语的中心。因为"真"也是程度短语的中心,所以它们构成了互补分布。

(24)的结构的另外一项句法证据是"真"与其他的程度副词构成互补分布:

(26) 这个故事真(* 非常)假/这个故事真(* 很)假/这个故事真(* 完全)假。

因为程度副词在(24)的结构中只能位于中心语的位置,所以它排斥了其他的程度副词。

结合(24)的句法结构,"真假"组合的语义运算如(27)所示:

$$
\begin{aligned}
(27)\ [[真假]] &= \lambda G_{<d,\ <e,t>>}\ \lambda x.\ \exists d[G(x)(d) \wedge \mathbf{large}_c \\
&\quad (\mathbf{similarity}(d,\ d_0))] \\
&\quad (\lambda d\lambda x.\ \mathbf{deviation\_from\_T}(d)(x)) \\
&= \lambda x.\ \exists d[\mathbf{deviation\_from\_T}(x)(d) \wedge \\
&\quad \mathbf{large}_c(\mathbf{similarity}(d,\ d_0))]
\end{aligned}
$$

(27) 表示的是:某个个体 x 存在一个偏离事实的程度 d,这个程度 d 和典型程度 d_0 之间的相似度大过了主观期望的标准。如果用"0"表示典型 d_0 所表示的程度(说话人认为绝对为"假"的状态),(27)的结果可以改写为(28):

$$
\begin{aligned}
(28)\ [[真假]] &= \lambda x.\ \exists d[\mathbf{deviation\_from\_truth}(x)(d) \wedge \\
&\quad \mathbf{large}_c(\mathbf{similarity}(d,\ 0))]
\end{aligned}
$$

(28)的表达式表示存在某个偏离事实的程度,这个程度和"假"的理想状态(也就是"0"表示的程度)相似的程度非常大。离"假"的理想状态越近,离"真"的理想状态也就越远。现在回到例(1)中"真假"的用法,当小明说这个故事真假,他所传递的语义信息是他认为这个故事离他心目中所想象的理想的真爱足够远,与理想状态的"假"的爱情的相似性却足够大。<u>因为"程度"这一语义要素的加入,使得人们对真假的语义理解非常自然。</u>"真假"的这个基于程度的语义也并没有违反逻辑上的"矛盾律"。因为"程度"是语义运算中的要素,小丽依据有关语义运算的规则,理解了小明所表达的意思。这个语义可以用下面的图示来表示。图中的量级是"对事实的偏离","0.1,0.2,…"表示偏离的程度[借鉴布尔代数的相关定义,我们用"0"表示理想状态的"假"的程度(绝对假),"1"表示理想状态下"真"的程度(绝对真)]。"假"和"真假"的程度分别如(29a)和(29b)所示:

(29) S⊆ Deviation_From_T (DFT)

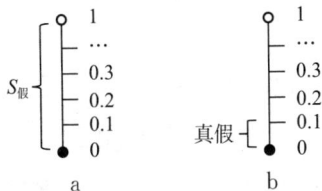

借用 Kennedy & McNally (2005) 从量级结构的角度对形容词的分类来说的话,"假"这类形容词指称的量级是"底端封闭型"(有最小值),也就是说,任意非零的偏差都可以判断为"假"。[①]"假"引导的量级结构可以用集合论表示为(30):

---

① Kennedy & McNally 根据不同的量级结构,把等级性形容词分为四类:有最大值没有最小值(顶部封闭型)(如"满、直"等),有最小值没有最大值(底部封闭型)(本章讨论的"假"可以看作这种类型),既没有最大值也没有最小值(两端开放型)(如"高、矮、丑、美"等)和两端封闭型(既有最大值也有最小值)。不同类型的形容词受副词修饰的情况不同。

(30) [[假]]:{d | 0 ≤ d <1}

因为"假"所指的量级只有最小值而没有最大值,导致"假"很难受到像"差不多"这样的程度副词的修饰。"差不多"只能用来修饰相关量级上有最大值的形容词(如"差不多满"很自然,"差不多高"则一般不说)。汉语母语者会觉得"差不多假"很难理解,不知所云,是因为这样的用法违反了这一语义限制。反过来,"一点点假"的用法就很自然。"一点点"表示的是偏离事实的程度不够大,"一点点"表示来图(29a)所示量级中"0"上面的某个距离很小的程度。

5.5　延伸:"真十NP"的程度语义分析

本章的研究为揭示现代汉语中另外一个难题——"真"的程度用法——提供了直观的思路。"真"的程度用法并没有见于《现代汉语八百词》的描述。但是在现代汉语中,可以发现"真"和程度意义有关的使用现象。

"真"后面可以接形容词和名词。几乎所有的性质形容词(以及维度形容词)都可以被"真"修饰。性质形容词一般具有等级性。部分例子如下:

(31)"真十形容词"
真高兴/真漂亮/真朴实
"真十维度形容词"
真高/真矮/真大/真宽

"真＋名词"的用法要受到一定的限制，但是现代汉语仍然有不少数量的"真＋名词"的组合：

（32）"真＋名词"

真英雄/真伟人/真君子①

结合前面对于程度短语的相关讨论，"真＋形容词"和"真＋名词"都可以看作是以"真"为中心投射的程度短语。为了区别形容词和名词，这两类 DegP 分别叫作 $Deg_A P$ 和 $Deg_N P$：

（33）

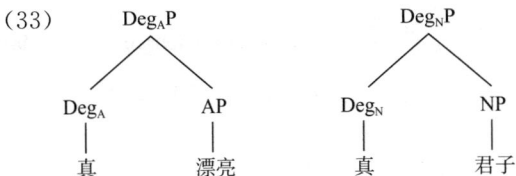

这两类用法中的"真"都是程度副词，其基本语义贡献是对它所修饰的形容词/名词所产生的量级上的程度进行操作。为了更直观的表述，引入谓词"**prototype**"表示原型（见 Kamp and Partee 1995）。"原型"是一个一元关系，如"**prototype(gentleman)**"表示君子的原型。修饰形容词的"真"和修饰名词的"真"的词汇语义分别表述为（34a）和（34b）：

---

① "真＋名词"的用法越来越多见，比如"真美国人、真广州人"等。有理由认为这类用法是由"真君子"这样的用法类推（analogy）产生的，它们的语义有共通之处。对"真广州人"的语义细节此处不再赘述。另一类"表示真实"的用法的"真"（如"真刀真枪"、"真人真事"等）也不在本章的讨论范围。

(34) a. $[[真_A]] = \lambda G_{<d, <e,t>>} \lambda x. \exists d[G(x)(d) \wedge \text{large}_C$
$(\text{similarity}(d, d_0))]$

b. $[[真_N]] = \lambda f_{<e,t>} \lambda x. f(x) \wedge \text{large}_C (\text{similarity}$
$(x, \text{prototype}(f))]$

经过相关的语义运算后,"真漂亮"和"真君子"的语义分别表示为(35a)和(35b):

(35) a. $[[真漂亮]] = \lambda x. \exists d[\text{beautiful}(x)(d) \wedge \text{large}_C$
$(\text{similarity}(d, d_0)]$

b. $[[真君子]] = \lambda x. \text{gentleman}(x) \wedge \text{large}_C (\text{similarity}(x, \text{prototype}(\text{gentleman}))]$

(35a)表示的是某个个体 x 的漂亮的程度和漂亮的典型(如果以昭君为典型的话)相似的程度很大。(35b)表示的是某个个体 x 和君子的原型(孔子?柳下惠?)相似的程度很大。至于"大"到多大的标准完全由语境和说话人的主观感受决定。语义学只提供理解意义的逻辑模型,这些因素都交给语用去处理。

上述的讨论有两个预测:(a)"真"表示的程度很大,因为这个"大"受主观意愿的影响,导致"真"还可以继续被程度副词修饰(或者进入比较结构);(b)能被"真"修饰的名词本身都有一定的等级性。非等级性的名词不能被"真"修饰。这两个预测都被语言事实所证实。

(36)"真"还可以被别的程度副词修饰或进入比较结构

很真/非常真/超级真

更真/还真

(37)"真"不修饰非等级性的名词

♯真桌子/♯真老师/♯真商场

因为"真+名词"组合中的"真"只提供一个程度语义,所以只能和等级性的名词结合。"君子、英雄"等都有等级性,所以可以受"真"的修饰。但是"桌子、老师、商场"这类名词则没有等级性,所以一般不能和"真"结合(或者结合之后,不会产生程度有关的语义解读)。

关于"真"的程度义的来源。"真"可以作区别词、形容词和程度副词,这几种不同的用法中是否有一定的语义共核? 有一种可能是"真"的"程度义"由"确认义"虚化而来。当"真"修饰形容词时,最初是对性质的确认,如"这本书真好"是对"这本书好"的确认。因为说话人对事物性质的确认通常与主观情态有关,从"确认义"发展到"情态义",似乎是很顺理成章的事情。不过其中具体的机制仍有待进一步的说明。

5.6　结语

本章从"程度语义学"的角度分析了"X真假"组合的语义,提出"假"的词汇语义是从个体到偏离事实真相(或者原型/典型)的量级上的程度的二元关系。"假"所引导的量级结构上的程度有下限(lower bound),任何非"0"的程度的偏差都可以判断为"假"。作为程度副词的"真"的语义是对"假"的量级上的程度进行操作,"X真假"表示 X 偏离事实真相(或者原型/典型)的程度和典型的"假"的程度的下限("0")相似的程度很大。这一语义分析能更好地概括"真假"组合的语义,对它们的用法和语法分布做出更合理的说明和预测。

汉语语法学界虽然提到了用"程度"这样的概念来分析形容词和程度副词,但是大部分的研究都缺乏对相关概念的严格的、明确的定义和语义运算方式。本章用一个较为极端的例子——"真假"的组合——来说明程度副词修饰形容词这样的结构的语义是可以得到"明确而且精确"的刻画的。本章的分析因而具有一定的启发性和推广价值。希望本章抛砖之余,能引发更多的相关研究,加深我们对汉语形容词和副词语义本质的认识!

(本章发表于《外文研究》2015 年第 3 期,略有删改)

第6章 程度与主观评价：主观程度副词的语义分析

6.1 引言

汉语中有一系列在传统语法中被归为程度副词的词项。在形式上，这些副词一般是单语素。在句法上，这些副词直接修饰等级形容词，在语义上调节相应形容词所引导的量级上的程度。但同时这些副词又具有评注性意义，表示说话人对命题内容的主观评价。这一类副词包含"好、老、真、挺、怪、太"等（马真1991）。本章以修饰形容词的副词"好"为切入点探索这类副词的语义问题。"好"一般被归为程度副词，强调程度深［《现代汉语八百词》（增订本）（p. 258）；《现代汉语虚词例释》（p. 228）］。许多文献同时也指出，"好"和其他典型的程度副词（如"很"）在意义上并不完全等同。考虑(1)：

  (1) 现在我从各方面得来的消息，才知此人好阴险。（邢福义 1995:80）

邢福义观察到，在例(1)中，如果用"很＋AP"，则重在对事实做纯客观的反映；说话人用"好＋AP"，便带上明显的主观情绪，话语上有较强的心理色彩。"好"表示说话人对于 AP 所描述的人或事物的外在形态、内在性状以及身心感受做出了某种主观评价。邢福义还观察到,"好"和"很"在句法分布上也有不同。前者一般不能用在"如果"条件句的前件中,后者则不受此限制:

> (2) a. *如果天气好热,你还让他干这干那,他自然很不耐烦。(同上,p. 80)
>
> b. 如果天气很热,你还让他干这干那,他自然很不耐烦。(同上,p. 80)

当前文献对"好"的研究,主要是在历时的层面,讨论"好"的主观化和语法化之间的关系(李晋霞 2005;张定、丁海燕 2009;丁海燕 2013 等)。实际上,在共时的层面,考察"好"分属不同范畴的意义(程度意义和主观评价意义)是如何结合的,同样具有价值("好"是单语素词,依据语言分析的"奥康姆剃刀"原则,不宜采用分解分析法)。另外,从"句法—语义"匹配的角度看,"好"的程度意义和主观评价意义存在错位现象:在句法上,作为程度副词,"好"的直接论元和辖域只能是它所修饰的形容词短语;但是在语义上,其评价的辖域要包括与命题有关的所有成分,也就是说,其句法位置要高于包含否定成分、能愿动词在内的谓语部分,而不是低于它们。但是如例(2)所示,"好"不能出现在条件句(的前件)中,具有不可嵌入性(nonembeddablity)这一特性。[1] 当前文献中对这一错位现象还缺乏

---

[1]　马真(1991)观察到,"挺、老、怪"等副词同样不能出现在条件句中,都具有不可嵌入性。表明这类副词背后存在某种共性。

原则性的说明。① 稍后我们会提到，除了条件句之外，"好"还不能出现在否定、疑问、可能情态动词、愿望谓语等一系列的结构的辖域内。这个问题也需要进一步的解释。对这些问题的回答都依赖于对"好"所具有的归属于不同范畴的意义的组合机制的更明确的、更形式化的刻画。本章认为，多维度语义学提供的简单明了的逻辑工具，可以对"好"这类副词纷繁复杂的意义进行有效的归纳和整理。因为"好"在汉语和其他自然语言中，不是孤立的现象，所以基于多维度语义的分析，对于揭示这一类副词的性质和功能，有一定的普遍意义。②

6.2　"好"的句法和语义特征

6.2.1　"好"的程度意义

在传统语法中，"好"被定义为程度副词。这一定义和"好"的语法分布情况是吻合的。"好"和典型的程度副词"很"具有类似的分布：它们都不能再被其他的程度副词修饰、不能移动到非形容词直接修饰语的位置和比较形式、"比"字结构构成互补分布（3）；此外，"好＋AP"不和测量短语共现（4）：

（3）a.＊晓丽非常{很/好}漂亮。

---

① 张谊生（2014）认为，评注性副词在句法上所充当的并不是严格意义上的状语，而是高谓语（p. 49）。虽然"好"具有评注意义，但是这一"高谓语"的思路适用于典型的评注性副词，不适用于"好"。

② 限于篇幅，本章仅讨论修饰形容词的副词"好"，不讨论"好"修饰动词的情况，也不讨论"好不"结构。

b.* ｛好/很｝晓丽｛很/好｝漂亮。

c.* 比较起来，晓丽｛很/好｝漂亮。

d.* 晓丽比晓芳｛很/好｝漂亮。

（4）a. 晓丽｛高两米/两米高｝。

b.* 晓丽｛好高两米/好两米高｝。

和"很"相似，能被"好"修饰的形容词一般具有等级性，即程度差异。具有等级性的形容词一般能进入"越来越 A"结构、具有比较形式、能进入感叹句。譬如形容词"漂亮"具有程度差异，属于等级形容词；"未婚"没有程度差异，属于非等级形容词。前者能被"很"和"好"修饰，后者不能：

（5）a. 晓丽越来越漂亮了。a'.* 晓丽越来越未婚了。

b. 晓丽比晓芳更漂亮。b'.* 晓丽比晓芳更未婚。

c. 晓丽真漂亮啊！   c'.* 晓丽真未婚啊！

（6）晓丽｛很/好｝漂亮。——* 晓丽｛很/好｝未婚。

上述现象可以在 Kennedy & McNally(2005)提出的程度语义学的框架中获得直观的解释。在句法上，可以把"好"和形容词的组合看作是程度短语(Degree Phrase, DegP)。这个 DegP 的中心语由程度副词填充，其补足语是形容词短语(AP)：[DegP[Deg好[AP[A聪明]]]]。"好"不能再被其他的程度副词修饰、和比较形式以及"比"字结构存在互补分布的原因如下：在前者中，程度副词会和"好"竞争 DegP 的中心语位置；在后者中，假设比较结构也是由抽象的比较语素"－er"组成的 DegP，则这一语素也会和"好"竞争 Deg 的位置。测量短语

（如"两米"）也表示程度，(4a—b)的对立也在预测之中。

　　除了在分布上和"很"一致，在语义上，"好"和"很"都调节形容词所指量级上的程度，表示个体/事物具有某种属性的程度超过了某一语境决定的标准。用 d 表示程度，c 表示语境，"好 AP"的语义如(7)所示：

　　　　(7) [[晓丽好漂亮]]＝1 当且仅当：∃d.晓丽具有漂亮的程度 d & d>d_c。

6.2.2　"好"的主观评价意义

　　把"好"处理为程度副词不能概括全部的语言事实。"好"和"很"在句法分布上并不完全一致。邢福义观察到"好"不能出现在条件句（前件）中，他认为，"好＋AP"跟已然事实相联系。这个结构一般不能在假设或者推断的语境使用。周韧(2015)也提出，对副词的分析有必要引入"（非）现实性"这一概念。现实(realis)指的是已经发生或者正在发生的情境，而非现实(irrealis)则是现实之外的所有情境(Comrie 1985：39—40)。就"好"的分布来说，"（非）现实性"并不是"好"出现的充分条件，也不是必要条件。一方面，并非所有表示未然的事件，都不能出现"好"。如下面的两个条件句，都表示推断的语境。"好"可以出现在(8b)中，却不能出现在(8a)中：

　　　　(8) a. * 如果晓丽好聪明，她就能证明这个猜想。
　　　　　　 b. 如果我那个好聪明的妹妹在这里，她就能想出办法。

　　另外，并非所有表示已然（现实性）的事件，都能出现"好"。在

下面的句子中,"以前"交代了事件发生在过去,属于已然事件,但是,"好"的接受度很低:

(9) 以前,姥姥都{很小心/ * 好小心}送小茵茵去幼儿园。

例(8)中两个例子的对立表明"好"具有极强的说话人指向性:在(8b)中,主语是第一人称,因为"我"＝说话人,该句所传递的主观意味更为明显。例(9)属于概称句。这类句子的典型特征是基于推理(非直接经验)的类全称量化性。因为说话人对这类句子所表示的真值一般缺乏直接的证据,所以也可以归属于非真语境。当然,这并不是说明"(非)真性"和"(非)现实性"完全没有联系。一般来说,说话人对命题真值有充分信念的,一般都是现实情境(已然事件)。①

对语料更加详尽的考察表明,"好"还不能被否定,不能出现在疑问句中,不能出现在表示可能性的情态动词、愿望动词的直接辖域内。"好"也不能出现在祈使句中。考虑下面的例子:

(10) 主语是否定名词

a. 没有人会很天真地相信白马王子会突然出现,……

b. * 没有人会好天真地相信白马王子会突然出现,……

(11) 可能情态动词

a. * 他可能好聪明。

---

① 这两对概念都和情态(modality)、语态(mood)有关,在用法上互相渗透。

　　　　b.* 他应该好聪明。

（12）疑问句

　　　　a.“A—不—A”结构：* 他有没有好聪明？

　　　　b. 一般疑问句：* 他好聪明吗？

　　　　c. 特殊疑问句：*/?? 谁好聪明？

（13）祈使句（场景：老师教训学生）

　　　　a.你以后要很认真地对待家庭作业！

　　　　b.* 你以后要好认真地对待家庭作业！

（14）愿望动词

　　　　a. 晓丽天天做梦，想要嫁一个很有钱的男人。

　　　　b.*/?? 晓丽天天做梦，想要嫁一个好有钱的男人。

　　条件句、否定句、疑问句、情态句、祈使句、愿望谓语句等一系列的结构都属于"非真语境"（nonveridical contexts）。非真语境与言真语境（veridical）相对。所谓言真，是指说话人对话语所述命题的真值的确定和断言。说话人对话语所述命题的真值不能确定的，叫作非真语境。考虑下面对（非）真性的定义：

　　（15）（非）真性：设 O 是作用于命题的算子。O 是言真的当且仅当：$Op \Rightarrow p$。如果 O 不是言真的，那么 O 就是非真的。O 是反真实的（anti-veridical）当且仅当 $Op \Rightarrow \neg p$。（Giannakidou 2011：1676，本章略做了简化）

　　根据（15）的定义，条件句、否定句、疑问句、情态句、祈使句、愿望义谓语句等结构都和说话人对话语所述命题的否定、怀疑或者不确定有关。当说话人说"如果 p"的时候，表示的是假设或者推理，并不意味着说话人充分相信 p 为真；同理，说话人说"可能 p"的时候，也表示说话人对 p 的真实性没有充分的信念。"否定"属于单调向下蕴含，是对命题的否定，是一种更为严格的非真语境。非真语境的特点是取消或者不维持某种逻辑蕴含关系。比如"晓丽去过广州"蕴含"晓丽去过广东"。在条件句、疑问句、可能情态句，这一蕴含都不能维持：比如说话人说"晓丽可能去过广州"，并不在逻辑上蕴含"晓丽去过广东"。因为前者的真值不能确定，所以这两个句子之间的逻辑蕴含关系不能成立。文献中一般把必须位于非真算子辖域内的词项称为负极敏感词项（negative polarity items），把不能位于非真算子的直接辖域内的词项叫作正极敏感词项（positive polarity items）。上述现象表明"好"的分布呈现正极敏感性。

"好"不能位于非真算子的直接辖域内，呈现正极敏感性，和评注性副词相似。张谊生（2014）观察到表示主观评价的评注性副词一般不能用于真性是非问句（p. 80）：

> （16）a. * 他幸好没有去吗？
>
> 　　　b. * 他恐怕不会了解吗？
>
> 　　　c. * 他毕竟是个学生吗？

说话人做出主观评价，必然要求相应命题所表信息明确，但是真性是非疑问句所表示的是对整个命题的怀疑和不确定，不含明确的信息，这和评注副词的语义相冲突。这一现象表明，"好"和评注性副词之间存在某些共性。

6.2.3 "好"的主观评价意义的性质

当前文献虽然注意到了"好"具有主观评价意义，但是对这一主观意义的性质(属于语义,还是语用),缺少充分的讨论。我们认为,"好"在用法上具有极强的说话人指向性,其主观评价意义不同于常规的语用义(如会话隐涵)。会话隐涵和说话人的意图有关,一般可以通过上下文取消或者否认(Levinson 1983:114);会话隐涵还具有非规约性,所表达的意义不是语言表达式约定俗成的、固有的意义。和这些特性不同,说话人使用"好"所传递的主观评价,通常不能被取消。考虑(17):

(17) a. 小美好乖,**好聪明**,**好漂亮**。(♯可是妈妈不喜
欢你。)

b. "啊!我的女儿**好漂亮**哟!"宋耀如脸上绽开了会
心的笑。(♯但是也没什么。)

c. 你**好伟大**啊,你**好勇敢**啊!你一个人打他们两个。
(♯可这也不算什么。)

在(17a—c)中,说话人使用"好",表示了肯定的评价,这一评价义不能通过下文取消,也不能自我否定。很多时候,这一评价义可以在下文中凸显出来,如:

(18) 张翠山道:"这么一来,少林派便认定是我下的毒手
了,殷姑娘,你当真**好聪明**,好手段!"他这几句话中充满**愤激**,
殷素素假作不懂。(金庸《倚天屠龙记》)

在(18)中,张翠山说殷素素"好聪明",具有强烈的个人情感,下文中的"愤激"就是对这种情感的凸显。

这些例子表明"好"所传递的主观评价意义受制于语言自身的规约性条件，虽然和真值条件无关，但仍然属于约定俗成的意义。Grice(1975)区分了会话隐涵和规约隐涵。会话隐涵可以通过会话准则(量的准则、质的准则、方式准则、关联准则)推导出来，规约隐涵虽然和真值条件内容无关，但是不能通过会话准则推导出来，不可以通过上下文消除，属于语言元素约定俗成的意义。按照这一区分，"怪"的主观评价义属于规约隐涵。①

6.2.4　小结

综上，一方面，"好"具有程度副词的典型特征，在意义上调节形容词所指量级上的程度；另一方面，"好"和评注性副词相似，传递说话人对命题内容的强烈的情感状态。这一主观评价义属于规约隐涵而不是常规的会话隐涵。本章接下来引入多维度语义的视角，为"好"的程度意义和评价意义的组合机制提供更明确的、形式化的分析。这一新的分析，可以对前面提到的现象做出更深刻的说明。

6.3　意义的多维性与多维度语义学

近年来，以著名逻辑学家 David Kaplan 为代表的学者提出了多维度语义学的理论框架。Kaplan 指出，自然语言中的某些语言元素具有真值条件意义或者叫描述维度意义，而另一些语言元素的意义与传统定义的真值条件无关，人们无法判定它们何时为真，但是却

---

① "好"的主观评价意义不能被取消也表明了这一意义不同于预设。预设可以通过否定取消(你什么时候戒烟了？——开玩笑吧，我从来不抽烟)，但是说话人使用"好"做出的主观评价不可以(晓丽好漂亮，好聪明，我好喜欢。—— ♯可是我也觉得没什么)。

知道在什么语境下使用它们是恰当的，这类语言元素具有使用条件意义或者叫表达(expressive)维度意义(Kaplan 2004)。[①] 他发现，真值条件相等的两个表达式，具有不同的逻辑推演关系。例(19)是一个初始命题，例(20)是加入了 *damn* 之后的新命题，这两个命题的真值条件完全相同，即在所有(19)为真的世界中(20)也为真，反之亦然。

(19) Kaplan was promoted.

(20) That **damn** Kaplan was promoted.

然而当以这两个命题互为前提进行逻辑推演时，却发现只有当(20)为前提时可以推出(19)作为结论，以(19)为前提时却无法推出(20)。这两个在真值条件层面完全对等、但在逻辑推演中不对等的命题让传统的形式语义学陷入一个两难的局面：要么承认真值条件并不能准确地反映语言意义，要么承认现有的形式语义研究忽略了语言意义中的某个重要组成部分。Kaplan 选择了后者，他认为，一些曾经因为与真值条件无关而归入语用范围的语言信息(如规约隐涵)其实是语言意义不可分割的组成部分，区别在于这些信息位于表达维度上。Kaplan 提出一个多维度语义分析的思路，即：当且仅当一个句子在描述维度的信息和表达维度的信息同时为真时，这个句子的意义才为真。这两个维度的真值条件其实有很高的相似性，一个句子在描述维度的真值条件是所有使其描述内容为真的可能

---

① expressive 的用法来自牛津日常语言哲学学派(尤其是 Austin 的言语行为理论)，表示某种和说话人情感态度有关的言外之意，如 Searle(1976)把 expressive 定义为"命题内容所指的某种事态的心理状态"(p.12)。Potts(2005)把 expressive 定义为表示说话人某种强烈的情感(heighted emotional state)。本章用"表达"来翻译，主要指"情绪/情感"等义。

世界的集合（这在传统的形式语义学中已经有明确的定义），相应的，一个句子在表达维度的真值条件就是所有使其表达内容恰当的语境的集合。在多维度语义研究中，一个句子最终的真值条件是上述两个集合的交集(21)：

> (21) 自然语言表达式 P 的多维度语义：①
>   a. 描述维度：$[[P]]^{\iota} = \Phi : \{w \mid P \, is \, true \, in \, w\}$
>   b. 表达维度：$[[P]]^{\varepsilon} = \Psi : \{c \mid P \, is \, felicitous \, in \, c\}$
>   c. 多维度：$<[[P]]^{\iota}, [[P]]^{\varepsilon}> = <\{w \mid P \, is \, true \, in \, w\},$
> $\{c \mid P \, is \, felicitous \, in \, c\}>$

依据这一思路，(20)的语义可以表达为(22)。表达式(22)的前一部分表示描述内容，后一部分表示表达内容，意为说话人对 Kaplan 持有负面情绪。这一语义分析直观地说明了例(19)和(20)虽然具有相同的描述内容，但是会导致不同的逻辑推演结果：

> (22) $[[\text{That } \textbf{damn} \text{ Kaplan was promoted}]] = <[[P]]^{\iota},$
> $[[P]]^{\varepsilon} >$
> $= <\{w \mid \text{Kaplan was promoted in } w\}, \{c \mid s_c \text{ dislikes}$
> $\text{Kaplan in } c\}>$

在 Kaplan 思想的影响下，Potts(2005, 2007)建立了一套将规约隐涵这一表达意义形式化的逻辑模型。这个模型中引入一个关于

---

① 本章使用的符号：c：语境；s_c：特定语境中的说话人；w：世界；ε：表达类型；σ、τ：描述类型；Φ，Ψ：命题。

表达内容（表达维度意义）的语义类型（以下用 ε 表示）以及相应的类型组合规则：如果 σ 是描述类型，则$<σ, ε>$是表达类型；如果 α 的类型是 σ，β 的类型是$<σ, ε>$，则 $β(α) = ε$。具有表达内容的载体和具有描述内容的载体可以通过"CI-运算规则"（CI＝conventional implicature）进行组合，得到一个兼具描述维度意义和表达维度意义的结果(23)：

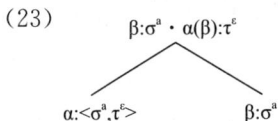

（23）

$$β:σ^a \cdot α(β):τ^ε$$

$$α:<σ^a,τ^ε> \qquad β:σ^a$$

在(23)的语义运算规则中，"·"用来整合两个维度的意义。依据多维度语义学的思路，整个句子的语义是使得该句子的描述内容为真、同时表达内容恰当的语境的集合。设 S 是包含描述内容($α$)与表达内容($β$)的句子，它的最终语义如(24)：

(24) $[[\ S\ ]] = <[[\ α:σ]]\ ,\ [[\ β_1:ε]]\ ,\cdots,[[\ β_n:ε\ ]]\ >$

$= [[α:σ]] \cdot \{\ [[β_1:ε]]\ ,\cdots,[[\ β_n:ε\ ]]\ \}$

多维度语义学为表示说话人评价/情绪的表达类修饰语的语义分析提供了新的思路。下面以英语中的 *fucking* 为例来说明。*fucking* 不能被否定，也不能出现在疑问句中(Potts 2007)：

(25) a. *He is not **fucking** calm.

b. *Is he **fucking** calm?

以(25a)为例,这个句子具有两个维度的意义:在和真值条件有关的描述维度上,其意义是 he is not calm;同时该句又具有表达维度上的意义,即说话人通过使用 *fucking* 所传递的负面态度。(25a)的语义可以简要表示如(26):

(26) $[[$ He is not fucking calm $]] = <\{w \mid$ he is not calm in $w\}$, $\{c \mid s_c$ has a negative attitude at his being calm in $c\}> =$ he is not calm • the speaker has a negative attitude at his being calm

如(26)所示,*fucking* 表示说话人对 he is calm 持有负面情绪。这一用法和叙实性副词相似。叙实性副词一般预设相应的命题为真。The speaker has a negative attitude at his being calm 的预设是 he is calm。但是这和描述意义相冲突。这一语义冲突,导致了 *fucking* 不能被否定。

多维度语义学为对"好"的复杂意义做出更明确的刻画提供了极具操作性的新思路。

6.4 "好"的多维度语义分析

前文提到,"好"一方面具有程度意义,另一方面传递说话人的主观评价。为适应这一"混合"意义,我们首先需要对 Potts 提出的逻辑模型做出修改。为了严格遵守 Kaplan 把意义分为两个维度的设想,Potts(2005)规定一个表达式要么具有描述维度的语义内容,要么具有表达维度的语义内容,但是不能同时兼具:"没有词汇项同时具有描述维度和表达维度的语义内容"(p. 7)。这一规定对于 *damn* 这样与描述维度意义无关的、仅表达主观情感的词语是有效的。然而，在自然语言中存在大量兼具描述意义和表达意义的语言元素。Williamson(2009)以 *Boche*（一战中法国和英国对德国人的蔑称）为例，指出这个词项兼具描述内容和表达内容：*Boche* 可以充当句子的谓语(Lessing is a Boche)，但同时说话人使用 *Boche*，表示对德国人的蔑视。McCready(2010)、Gutzmann(2015)等以德语中的 *Kraut* 以及模态小品词为例进　步证明了自然语言元素可以同时具有描述意义和表达意义。罗琼鹏、崔晋(2017)对多维度语义学的适用范围和前景作了全面的归纳。受这些研究的启发，本章接下来提出一个"混合"维度的处理方案。本节主要讨论四个问题：(Ⅰ)"好"的程度意义；(Ⅱ)"好"的主观评价意义；(Ⅲ)"好"的程度意义和主观评价意义的组合问题；(Ⅳ)新的分析对以往被忽略的现象的解释。

　　(Ⅰ)**"好"的程度意义**。程度副词修饰等级形容词。等级形容词一个重要的属性是其真值依赖于特定语境提供的比较标准和比较类别。"小张身高一米八五，是高的"，就国人的平均身高而言，这句话是真的；但是如果把小张和 NBA 球员比较，真值就会改变。同理，"张三高一米九，很高；张三六岁的儿子高一米三，也很高"这句话并不矛盾。为了刻画程度差异，当代语义学的处理方案是把程度作为语义要素纳入了语义表达体系。"程度"可以被理解为刻度。"程度"都是依据一定的量级而言的。量级是由程度的集合（用"D"表示）、偏序关系"$\leqslant$"和维度（如"高度、颜值、重量"等）组成的三元结构，$S = <D, \leqslant, DIM>$。①等级形容词表示从个体到某一量级上

---

① 偏序关系满足传递性($\forall d, d', d''(d \leqslant d' \wedge d' \leqslant d'' \rightarrow d \leqslant d'')$)，反对称性($\forall d, d'$($d \leqslant d' \wedge d' \leqslant d \rightarrow d = d'$))，和自反性($\forall d(d \leqslant d)$)。组成量级结构的程度还需要满足连接性，即任意程度都必须和另外的程度构成$\leqslant$的关系($\forall d \exists d'(d \leqslant d' \vee d' \leqslant d)$)。

的程度的二元关系。以"聪明"为例,其词汇语义如(27)所示:

(27) $[[$ 聪明$]]=\lambda d\lambda x.$ **intelligent** $(x)\geqslant d$(个体 x 存在**聪明**的程度 d)

修饰形容词的程度副词的最主要的语义功能是操作量级上的程度。"好"和程度有关的那部分语义表示个体 x 在形容词 G 代表的属性上的程度超过了某一语境决定的标准。这一语义可以简要表示如(28)(D:程度;! s:某一语境决定的比较标准):

(28) $[[$好 $_D]] = \lambda G_{<d, et>}\lambda x.\exists d[d>! s \wedge G(d)(x)]$

前文提到过,可以把"好+形容词"的组合在句法上分析为程度短语(DegP),这一短语的中心位置由"好"填充。"好聪明"的句法结构如(29a)所示,其语义推导过程如(29b)。语义推导结果表示个体 x 具有的聪明的程度超过了某一标准。[①]

(29) a. 晓丽$[_{DegP}[_{Deg}$好$[_{AP}[_A$聪明$]]]]$。

　　 b. $[[$好$_D$聪明$]] = [[$好$_D]]([[$ 聪明$]])$

　　　 $=\lambda G_{<d, et>}\lambda x.\exists d[d>! s \wedge G(d)(x)](\lambda d\lambda x.$ **intelligent** $(x)\geqslant d)$

　　　 $=\lambda x.\exists d[d>! s \wedge$**intelligent** $(d)(x)]$

---

① 本章对程度副词的语义分析框架可以应用于其他的副词(如"很、真、太、挺、怪"等),此处不再详述。

（Ⅱ）"好"的评价意义。李晋霞（2005）认为"'好'突出强调说话者对某种属性程度之高的肯定性评价"（p. 47）。虽然在大多数情况下，"好"表示肯定性评价，但是也有一些情况，"好"传递的评价是反讽或者负面的。比如前文提到的例（18），张翠山使用"好"，传递的是一种"愤激"的态度。邢福义（1995）认为，说话人使用"好"，"或者表明自我，或者表明对它们或事物的评议，都带有说话人的主观情绪"（p. 80）。结合邢福义的观察，本章提出"好"体现了说话人强烈的情感状态，传递的是**直接**的身心体验。① 这一主观情绪叫以用谓词 **SE**（strongly emotional）来表示。（30）是对"好"的评价义的刻画，表示"好"取形容词 G 为论元，个体 x 具有的和 G 相关的程度超过一定的标准，同时说话人对 x 具有的 G 的程度之高具有强烈的情感状态：

（30）"好"的评价义（下标 E 表示评价）

$$[[\text{好}_E]] = \lambda G_{<d, et>} \lambda x.\ \mathbf{SE}_s (\exists d[d > !\ s \wedge G(d)(x)])$$

注意在（30）的语义表达中，"好"的直接论元是形容词。但是说话人所评价的对象是命题性成分"$\exists d[d > !\ s \wedge G(d)(x)]$"。这一语义分析可以很好地解决"好"作为程度副词，同时具有评价意义之间的"句法—语义"错位问题。

（Ⅲ）程度意义和评价意义的组合。本章采纳"混合"维度的处理方案来说明程度意义和评价意义是如何整合的。这一方案的核心是承认语义体系允许同时兼具描述维度意义和表达维度意义的

---

① 这一情感状态可以是肯定评价、意外、惊讶、反讽等。

表达式的存在。借鉴 McCready(2010)和 Gutzmann(2015)的分析，本章引入一个新的语义类型、新的运算符◇和新的运算规则。在语义类型上，如果 σ 和 τ 是描述类型，ε 是表达类型，则$<σ, τ>◇<σ, ε>$是混合类型。运算符◇表示不同维度意义的"混合"。描述内容和表达内容的语义组合可以借由"混合运算规则"来进行：

(31)　　　　　α(γ):τ · β(γ):ε

　　　　　α:$<σ,τ>$◇β:$<σ,ε>$　　　　γ:σ

如(31)所示，描述维度意义的载体γ可以同时与混合类型 α◇β 中的描述内容及表达内容进行组合，得到一个兼具描述意义 α(γ)和表达意义 β(γ)的输出。

依据上述思路，"好"同时兼具两部分的语义内容：一部分和程度有关，另一部分和评价有关。这两部分的结合如(32)所示：

(32) a. $[[\ 好\ ]] = [[\ 好_D\ ]] ◇ [[\ 好_E\ ]]$

b. $[[\ 好\ ]] = λG_{<d,\ et>} λx. ∃d[d>!\ s ∧ G(d)(x)] ◇ λG_{<d,\ et>} λx.\ \mathbf{SE}_s (∃d[d>!\ s ∧ G(d)(x)])$

(32b)中的前半部分是"好"和程度有关的描述内容，后半部分是它的表达内容。被"好"修饰的形容词可以同时和(32b)中的描述部分及表达部分进行组合，产生一个兼具程度意义与评价意义的结果。以"晓丽好聪明"为例，其语义运算过程与结果如(33)所示：

(33) a. $[[\ 聪明\ ]] = λdλx.\ \mathbf{intelligent}\ (x) ≥ d$

b. $[[\ 好聪明\ ]] = [[\ 好\ ]]([[\ 聪明\ ]])$

$= \lambda G_{<d,\ et>}\lambda x.\exists d[d>!\ s\ \wedge G(d)(x)]\ \diamondsuit\lambda G_{<d,\ et>}\lambda x.$

$(\exists d[d>!\ s\ \wedge G(d)(x)])(\lambda d\lambda x.$

intelligent $(x) \geqslant d)$

$= \lambda x.\exists d[d>!\ s\ \wedge\textbf{intelligent}\ (d)(x)]\ \diamondsuit\lambda x.\ \textbf{SE}_s(\exists d$

$[d>!\ s\ \wedge\textbf{intelligent}\ (d)(x)])(XL)$

c. $[[\ 晓丽好聪明\ ]] = 1$ 当且仅当：

$\exists d\lfloor d>!\ s\ \wedge\textbf{intelligent}\ (d)(XL)\rfloor\cdot\textbf{SE}_s(\exists d\lfloor d>!\ s$

$\wedge\textbf{intelligent}(d)(XL)\rfloor)$

(33c)的运算结果意为"晓丽好聪明"为真当且仅当：在描述维度上，晓丽具有的聪明的程度满足某一标准 d；在表达维度上，说话人对晓丽具有的聪明的程度 d 具有强烈的情感状态。

（Ⅳ）**对语言现象的解释。**前文提到，"好"不能被否定，不能出现在疑问句中，也不能出现在条件句和可能情态动词的直接辖域内。考虑(34)：

(34) a. * 晓丽不是好聪明。

b. * 如果晓丽好聪明，妈妈就很高兴。

c. * 晓丽好聪明吗？

d. * 晓丽可能好聪明。

首先，"好"不能被否定可以得到直观的解释。在多维语义学的框架中，(34a)的语义可以表示为(35)：

(35) $[[34a]] = \neg\exists d\,[d>!\,s\wedge\textbf{intelligent}\,(d)(XL)]\cdot\textbf{SE}_S$
$(\exists d[d>!\,s\wedge\textbf{intelligent}\,(d)(XL)]\,)$

表达式(35)包含两个部分:前一部分是句子的描述意义,即晓丽的漂亮的程度没有满足某一标准;后一部分是句子的表达意义,即说话人对晓丽漂亮的程度做出了主观评价。这一主观评价义的预设是晓丽的漂亮满足某一标准。很显然,这一预设和句子的描述意义是相冲突的。

条件式"p→q"在逻辑上等同于"¬p∨q"。按照这个思路分析(34b),可以得到(36a)的语义表达。根据 Karttunen(1977)对疑问句的分析,疑问句的语义是所有使得其为真的回答的集合(p. 10)。(34c)作为一般疑问句,其语义包含正反两个命题:$Q(p) = \{\neg p, p\}$。在多维度语义中,其语义如(36b)所示。(34d)中包含可能情态动词,用◇p 表示可能 p,①(34d)的语义如(36c)所示:

(36) a. $[[34b]] = \neg\exists d\,[d>!\,s\wedge\textbf{intelligent}\,(d)(XL)]\vee$
$q\cdot\textbf{SE}_S\,(\exists d\,[d>!\,s\wedge\textbf{pretty}\,(d)$
$(XL)]\,)$

b. $[[34c]] = \{\neg\exists d\,[d>!\,s\wedge\textbf{intelligent}\,(d)(XL)],\exists d\,[d>!\,s\wedge\textbf{intelligent}\,(d)(XL)]\}\cdot$
$\textbf{SE}_S(\exists d[d>!\,s\wedge\textbf{intelligent}\,(d)(XL)]\,)$

c. $[[34d]] = \Diamond\exists d\,[d>!\,s\wedge\textbf{intelligent}\,(d)(XL)]\cdot$
$\textbf{SE}_S(\exists d[d>!\,s\wedge\textbf{intelligent}\,(d)(XL)]\,)$

---

① ◇p =1 当且仅当:∃w[ACC(w)(@)∧p=1 in w](存在一个和现实世界可及的可能世界 w,在 w 中 p 为真)。

从(36)的表达可以看出,在条件句、疑问句中,"好"的描述意义和它的表达意义的预设都存在某种程度上的语义冲突。说话人做出评价的前提是对命题的真实性有充分的信念,但是这和"可能 p"的语义相冲突。这一冲突,导致了"好"不能位于这类非真算子的直接辖域内。这些在文献中被忽略的现象从而得到了更深刻的说明。

6.5　结语

汉语中充斥着大量在形式上是单语素,在句法上修饰形容词(或动词),在意义上调节形容词(或动词)所指量级上的程度,但同时又传递说话人的情感状态/主观评价的主观程度副词。本章以"好"为切入点,提出"好"的主观评价意义虽然和真值条件无关,但是不能通过上下文取消或者否认,因而不能被简单地归为语用义,而应被视为规约隐涵,是其约定俗成的意义的一部分。多维度语义学把意义区分为描述和表达两个维度,把一部分和说话人情感/情绪有关的、一度被归为语用的表达意义纳入语义学的研究范围,还为表达内容的形式化提供了具有相当可行性的操作思路。本章的分析表明,多维度语义学提供的简单明了的形式化工具,不但可以对"好"这类副词纷繁复杂的意义进行有效的归纳和整理,还能对以往文献中所忽略的现象(比如"好"为什么系统地排斥非真语境,呈现正极敏感性)做出更深刻的说明。对"好"这样的副词的研究,需要历时与共时相结合:既要从历时的层面,考察主观化和语法化之间的关联;也要在共时的层面,对归属于不同维度的意义的组合机制做出更明确的说明。多维度语义理论为加深对这类副词的性质和功能的认识提供了一个有相当可行性的新研究思路。

第7章　程度视角下的汉语比较结构研究

7.1　引言

比较范畴是自然语言中最重要的范畴之一。汉语"比"字比较句也是汉语中最常见的句型之一。典型的(表示差比的)比较句如(1)所示：

(1) a. [DP1 梁龙]比[DP2 霸王龙][高]。

　　 b. 霸王龙[DP1 后肢]比[DP2 前肢][长]。

例(1)中的 DP_1 是比较目标,比较标记"比"引出的 DP_2 是比较标准,比较谓词一般由等级形容词("瘦、结实、长"等)充当。[①] 表度或量的差异(differential)的测量短语(如"三米、五厘米、一点"等)可以出现在句中,也可以缺省。从句法表层看,"比"字比较句的结构如(2)所示：

---

① 在不同的文献中,这些项目有不同的叫法。比如张斌(2010)把比较目标叫作参比主项,比较标准叫作参比客项,"比"叫作比较词,比较谓词叫作比较结论。为了最大限度地保持术语一致,本章采纳了郭洁(2015)的提法。

（2）[_{Target} 霸王龙]比[_{Standard} 三角龙][_{Predicate of comparison} 大]（_{Differential} 一点）。

　　传统语法对比较句有一定的描写①，但是目前学界对"比"的句法性质、各个成分之间的组构关系以及句子的语义组合机制都没有定论。学者们对比较句在句法上应该处理为短语比较（phrasal comparative）还是子句比较（clausal comparative），在语义上比较的是个体（个体比较）还是程度（程度比较）等关键问题仍然莫衷一是，并发展出了彼此对立的分析。本章旨在通过对一些前人研究中所忽略的现象，譬如比较目标和比较标准之间的平行性条件、反身代词"自己"的语义表现、比较句有无重构效应（reconstruction effects）等的梳理，为回答这些问题提供一种新的思路。

7.2　关于比较句的争议

7.2.1　英语比较句的相关争议

　　近年来语言学界最引人瞩目的事件之一是程度语义学的兴起和发展。程度语义学把"程度"（degree）作为论元引入语义表达体系，尝试为自然语言中和等级性（gradability）有关的现象建立可以用逻辑式表述的真值条件语义体系。在程度语义学中，等级形容词（即真值的判定依赖于某一语境提供的比较标准或比较类别的形容词）一般被处理为指称个体和程度关系的二元谓词。用 λ（莱姆达）表示论元引入，x，y，e 表示个体论元，d 表示程度论元，等级形容词

---

　　①　见朱德熙（1983），李临定（1986），马真（1986），包华莉（1993），张斌（2010）等。本文只考察表示差比的比较句。

"高、漂亮"的语义如(3)所示:[①]

> (3) a. [[高]] = λdλx.**高度**(x)≥d(x 具有的高度 d)
>
> b. [[漂亮]] = λdλx.**颜值**(x)≥d(x 具有颜值 d)

表达式(3)中包含程度变量 d,这使得等级形容词可以和指称程度的测量短语(如"两米、五公斤"等)结合(例:[[张三两米高]] = λdλx.**高度**(x)≥d(**张三**)(**两米**)= **高度**(**张三**)≥(**两米**)),也可以和调节量级上的程度副词结合(Kennedy & McNally 2005)。这一思路为研究比较句的语义提供了直观的工具,因为能够出现在比较句中的比较谓词一般都具有等级性(张三比李四{高、矮、漂亮}|﹡张三比李四{已婚、未婚})。

程度视角的引入为深入探索比较句的语义本质提供了契机,也引发了许多新的问题。学者们发现,英语比较句的语义可以借由两类完全不同的底层句法结构得出。以例(4)为例,这个句子有两种完全不同的底层结构:短语比较(4a)和子句比较(4b)。在(4a)中,比较标记(than)的补足成分是个体论元,比较谓词在句子生成过程中只出现一次,不涉及删除操作;在(4b)中,比较标记的补足成分是指称程度的子句,比较谓词在句子生成过程中出现了两次,并且经历了某些类似省略结构的删除操作:

---

① 程度可以理解为刻度(points)。程度是相对于一定的量级结构而言的。量级结构是由程度的集合(D),一定的维度(Dim)和偏序关系(≤)组成的三元结构(S=<D, Dim, ≤>)。关系"≤"满足自反性(reflexive):∀d[d≤d];反对称性(anti-symmetrical):∀d,d'[d≤d' ∧d'≤d→d=d']和传递性(transitive):∀d,d',d''[d≤d' ∧d'≤d''→d≤d'']。关于程度语义学的相关背景介绍,请参见 Morzycki (2016)。

（4）Floyd is taller than Clyde.

　　a. 短语比较：$[_{DP}$Floyd$]$ is taller than $[_{DP}$ Clyde$]$.

　　b. 子句比较：Floyd is taller than $[_{Clause}$ Clyde ~~is tall~~$]$.

　　不同的句法生成机制必然涉及不同的语义组合方式。在（4a）中，比较算子（用"－er"表示）是三元谓词，连接两个个体，表示不同个体所具有的程度差异（Heim 1985）。在（4b）中，两个子句的外延（指称）都是程度，比较算子（"－er"）是二元谓词，连接两个构成顺序关系（"≥"或者"＞"）的程度［见 Bresnan（1973），von Stechow（1984），Bhatt & Takahashi（2011）等］。Kennedy（2009）把这两类方式分别叫作个体比较（individual comparison）和程度比较（degree comparison）。这两类"－er"的语义分别如（5）所示：[①]

　　　　（5）a. 个体比较：$[[-er]] = \lambda y_e \lambda R_{<d, et>} \lambda x_e . \mathrm{MAX}(\lambda d. R$

　　　　　$(d)(x)) > \mathrm{MAX}(\lambda d. R(d)(y))$（Heim 1985）

　　　　　b. 程度比较：$[[-er]] = \lambda D_{2<d,t>} \lambda D_{1<d,t>} . \mathrm{MAX}(D_1)$

　　　　　$> \mathrm{MAX}(D_2)$（Kennedy 2009）

　　因为底层结构不同，比较算子的语义不同，语义组合方式也不同。例（4）的句法结构和语义推导因而存在（6）和（7）两种不同的可能性：

　　　　（6）a. 短语比较结构

---

　　① MAX 为作用于集合的最大化算子：$\mathrm{MAX}(D) \Leftrightarrow \iota d. [D(d) \wedge \forall d'(D(d') \rightarrow d' \leq d)]$。

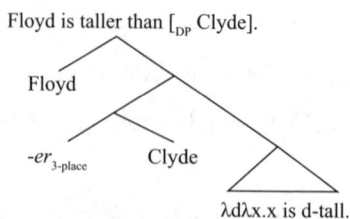

Floyd is taller than [$_{DP}$ Clyde].

```
        Floyd
           /\
          /  \
   -er_{3-place}  Clyde
                      /\
                     /  \
              λdλx.x is d-tall.
```

b. 语义推导

$$= [[-er]] \, (\textbf{Floyd}) \, (\textbf{Clyde}) \, (\textbf{tall})$$

$$= \lambda y \lambda R \lambda x. MAX(\lambda d.R(d)(x)) > MAX(\lambda d.R(d)(y))$$

$$(\textbf{Floyd})(\lambda d \lambda x. \ x \text{ is d-tall})(\textbf{Clyde})$$

$$= MAX(\lambda d_1.\text{Floyd is } d_1-\text{tall}) > MAX(\lambda d_2.\text{Clyde is } d_2-\text{tall})$$

$$= \textbf{Height}(\textbf{Floyd}) > \textbf{Height}(\textbf{Clyde})$$

(7) a. 子句比较结构

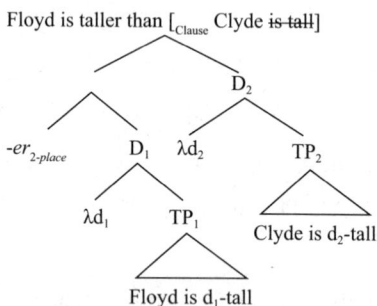

Floyd is taller than [$_{Clause}$ Clyde ~~is tall~~]

```
                          D_2
                         /  \
                /\      /    \
               /  \    /      \
      -er_{2-place}  D_1  λd_2    TP_2
                   /\            /\
                  /  \          /  \
               λd_1   TP_1   Clyde is d_2-tall
                     /\
                    /  \
            Floyd is d_1-tall
```

b. 语义推导

$$= [[-er]] \, (\text{Floyd is tall}) \, (\text{Clyde is tall})$$

$$= \lambda D_{2<d,t>} \, \lambda D_{1<d,t>}. \ MAX(D_1) > MAX(D_2) \, (\lambda d_2.$$

$$\text{Clyde is } d_2-\text{tall})(\lambda d_1. \ \text{Floyd is } d_1-\text{tall})$$

$$= MAX(\lambda d_1.\text{Floyd is } d_1-\text{tall}) > MAX(\lambda d_2. \ \text{Clyde is } d_2-\text{tall})$$

$$= \textbf{Height} \, (\textbf{Floyd}) > \textbf{Height} \, (\textbf{Clyde})$$

究竟这两种(比较)手段仅仅是理论内部的问题,还是比较语义表达的不同策略? 如果是不同的策略,是否会因语言的不同而异? 这些问题,促使越来越多的学者加入到比较句的研究中来。越来越多的学者开始尝试从英语以外的语言材料中挖掘证据,来为解决这一争议提供新的思路[见 Bhatt & Takahashi(2011)及所引文献]。

在程度语义学思潮的影响下,部分学者(以海外学者为主)也开始关注汉语比较句的句法和语义问题。Xiang (2003,2005),Erlewine (2007),Lin (2009)等认为"比"字比较句涉及短语比较,Liu(1996),Hsieh (2015),Erlewine (to appear)等则主张"比"字比较句适用于子句比较;Gu and Guo (2014,2015), 郭洁(2015)则提出了伴随结构分析。在提出本文的分析思路之前(§3),我们先结合一些前人研究中所忽略的现象,对一些主要的观点进行评述(§2.2 和 §2.3)。

7.2.2　短语比较分析及其问题

基于汉语"比"字比较句的表层句法特性,一些学者主张"比"字比较句的底层结构是短语比较(Xiang 2003,2005;Erlewine 2007;Lin 2009;何元建 2010;Liu 2011 等)。① 比如 Xiang(2003)认为,例(8)具有(9)的句法结构:

(8) 张三比李四高兴。[Xiang 2003:例(44)]

---

① Liu(2011)提出依据比较标准在句中出现的数量,比较句可以是短语比较(当只有一项比较标准出现时),也可以是子句比较(当多余一项比较标准出现时)。

（9）

```
            IP
          /    \
       张三      VP
              /    \
            PP      VP
           /  \    /   \
        比李四   V    DegP
                    /    \
                 Deg      AP
                          高兴
```

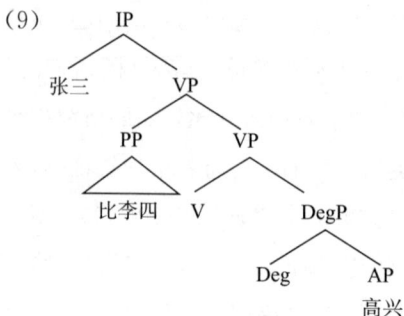

这一分析有两个特点:(1) 它假定汉语比较句的底层和句法表层是一致的,即"所见即底层";(2) "比"的补足语——比较标准——是短语,而不是子句。在这一框架中,"比"是介词,因而,"[比[NP]]"在句中具有介词短语的句法地位。在语义上,坚持短语比较分析的学者基本采用了 Heim(1985)提出的个体比较的方案[见(5a)]。在例(8)中,比较目标("张三")、比较标准("李四")、比较谓词("高兴")分别提供了比较算子所需要的个体论元和谓词论元。(8)的语义可以表达为(10):

(10) [[张三比李四高兴]]

$$= \lambda y_e \lambda R_{<d,<e,t>>} \lambda x_e. \text{MAX}(\lambda d_1.R(d_1)(x)) > \text{MAX}(\lambda d_2.R(d_2)(x))(张三)(李四)(\lambda d \lambda x.高兴(x)(d))$$

$$= \text{MAX}(\lambda d_1.高兴(d_1)(张三)) > \text{MAX}(\lambda d_2.高兴(d_2)(李四))$$

$$= 高兴度(张三) > 高兴度(李四)$$

这一分析的特点在于其简洁性("所见即底层")。但是,在句法分析中,句子的底层结构往往比表层结构要复杂得多。汉语"比"字比较句同样如此。首先考虑反身代词"自己"在比较句中的语义表现，如例(11)。Hsieh(2015)观察到，这个例子有两个不同的语义解读：严格解读(strict reading)(11a)和宽泛解读(sloppy reading)(11b)：

> (11) 张三比李四喜欢自己的妻子。
> 　　a. 严格解读：张三$_i$比李四$_j$喜欢自己$_i$的妻子。
> 　　b. 宽泛解读：张三$_i$比李四$_j$喜欢自己$_{i/j}$的妻子。

要得到(11b)的语义解读，最直接的方式是假定在相应的底层结构中，涉及比较谓词的删除操作：[张三喜欢自己的妻子]比[李四喜欢自己的妻子]。在短语比较分析中，比较谓词在句法生成中只出现一次，因而不能准确预测到这一事实。

另外，短语比较分析一般假定"比"是介词，"[比[NP]]"在句中具有介词短语(PP)的句法地位(何元建 2010)。这一点也面临汉语基本事实的挑战。一般来说，PP 的补足语不成分统制"自己"，因而也不能约束"自己"。例(12)中唯一的语义解读是张三向李四报告自己(＝张三)的研究进展。这和例(11)形成鲜明的对比。

> (12) 张三$_i$向李四$_j$报告自己$_{i/*j}$的研究进展。

郭洁(2015)也指出，把"比"看成介词还不能解释另一个语言事实。汉语中典型的介词短语，一般可以前置到句首的位置，如(13)。如果"比"是典型的介词，那么预测是"[比[NP]]"也可以有类似的前置现象，这一点没有得到语言事实的支持，如(14)：

(13) a. 他从图书馆借了一些书。

　　　b. [从图书馆]ᵢ, 他 tᵢ 借了一些书。

(14) a. 苹果比香蕉贵。

　　　b. *[比香蕉]ᵢ, 苹果 tᵢ 贵。

　　这些语言事实表明, 采用短语比较分析(把"比"分析为介词)来处理汉语"比"字比较句不能正确反映汉语的基本事实, 对相关现象的预测力和解释力不足。

7.2.3　伴随结构分析及其问题

　　最近, Gu & Guo (2014, 2015), 郭洁(2015)等提出了一个新颖的分析:"比"既非动词(轻动词), 也非常规意义上的介词, 而是像"和、跟、与"一样的伴随介词(comitative preposition)。[①] 郭洁观察到, 和动词不同, "比+比较标准"和说话人指向副词的相对位置比较灵活。说话人指向副词表明说话人对命题所指事态的评述, 在句法结构中处于一个相对较高的位置, 要位于 VP 或者 VP 之上。如果"比"是动词, 那么, "比+比较标准"只能位于说话人指向副词的后面。但是事实并非如此, 例(15)表明, "比+比较标准"既可以位于说话人指向副词的前面, 也可以位于其后。将"比"处理为动词, 无法解释这一现象。

(14) a. 张三(肯定)摔(＊肯定)了。

　　　b. 张三(显然)获奖(＊显然)了。

(15) a. 张三(肯定)[比李四](肯定)高。

　　　b. 张三(显然)[比李四](显然)高。

---

① 下文讨论的材料和观点主要来自郭洁(2015)。

　　郭洁还观察到,和汉语中典型的介词短语不同,"比＋比较标准"一般不能前置到句首的位置[见(13)和(14)的对立]。"比＋比较标准"不能前置这一特性和表示伴随的介词"和、跟、与"相似:后者也不能前置,如(16)。同时,"和、跟、与"等介词和"比"在比较句中呈现互补分布:在差比句中,比较标准由"比"引导,在等比句中,比较标准由"和、跟、与"等引导,这表明它们属于同一类:

　　　　(16) a. 她和我是妯娌。b.＊和我,她是妯娌。

　　　　(17) a. 张三比李四高。b. 张三和/跟/同/(＊比)李四一样高。

　　借鉴 Zhang(2007)对英语伴随结构的处理,郭洁提出汉语中的"比"是伴随介词,"比＋比较标准"构成伴随短语。在层级结构上,"比"与比较标准组合成一个成分结构,然后再与比较目标合并,构成一个复合名词短语,即伴随结构,这个结构充当句中比较谓词的论元。这一结构如(18)所示:

　　　　(18) [伴随结构[NP1 张三 [PP 比[NP2 李四]]]][高]。

　　郭洁对"比"字句的成分结构的分析很有新意。但是,如果考察更多的语言事实,会发现这一分析面临一系列的语言事实的挑战。

　　一个显而易见的问题是"[NP1[比 NP2]]"和典型的伴随结构(如"[NP1[和 NP2]]")的句法分布并不完全一致。后者可以自由出现在宾语的位置、句首话题的位置,可以用来提问,但是前者不行,如:

(19) a. 王五喜欢[张三和李四]。

　　 b. *王五喜欢[张三比李四]。

(20) a. [张三和李四]$_i$, 王五很喜欢 e$_i$/他们$_i$。

　　 b. *[张三比李四]$_i$, 王五很喜欢 e$_i$/他们$_i$。

(21) A: 你喜欢谁? B: *张三比李四。

其次, 把"[NP$_1$[比 NP$_2$]]"处理为伴随结构不能揭示它们充当"自己"的先行语时的差异。Zhang(2007)在讨论英语中伴随结构的时候, 指出伴随结构是以伴随介词为中心语投射的 XP([$_{XP}$ DP$_1$[$_{X'}$[$_X$ with [DP$_2$]]]]), 这一 XP 具有[D, Plural, Case assigning]的特征(p. 137)。当复数名词短语充当"自己"的先行语时, 语义解读是复数名词短语指称的集合中的每个个体都和"自己"构成回指关系, 如(22)所示:

(22) [张三和李四]都喜欢自己。

　　 a. 张三$_i$喜欢自己$_i$, 李四$_j$喜欢自己$_j$。

　　 b. *张三$_i$喜欢自己$_i$, 李四$_j$喜欢自己$_i$。

当"自己"出现在"比"字比较句中的时候, 情况则不同。如例(11)所示, 比较句中的"自己"可以分别回指比较目标和比较标准, 也可以都回指比较目标。这一差异需要解释。

另外, 动词拷贝比较句也很难在伴随结构分析中正确生成。典型的动词拷贝比较句如例(23)所示。这种句型的特色在于其匹配效应: 所有涉及的动词都必须是等同的, 比较标准、比较标准和比较谓词中任一动词不同, 都会导致句子不合格(24)。伴随结构并没有这一限制(25)。

(23)〔张三骑马〕比〔李四骑牛〕〔骑得快〕。

(24) a. *〔张三骑马〕比〔李四赶羊〕〔赶得快〕。

　　 b. *〔张三赶马〕比〔李四骑羊〕〔骑得快〕。

　　 c. *〔张三骑马〕比〔李四赶羊〕〔骑得快〕。

(25)〔张三骑马〕和〔李四赶羊〕,我都能接受。

　　此外,郭洁认为伴随结构分析也可以用于英语比较句,这一点也值得商榷。考虑(26)所示的次比较结构(subcomparative)。这类比较结构涉及两个程度之间的比较,以及不同的比较谓词。伴随结构分析只涉及一个比较谓词,怎么生成这类比较句,是一个问题。

(26) Michael Jordan has more scoring titles than Dennis Rodham has tattoos. (Kennedy 2002:2)

　　综上,"〔NP$_1$〔比 NP$_2$〕〕"和典型的伴随结构在句法上和语义上并不一致。伴随结构分析不能准确预测到"自己"在比较句中的语义表现,也很难处理动词拷贝比较句的匹配性限制。下文我们将提出一种新的分析思路来解释这一些现象。

7.3　平行删除与子句比较分析

　　前文提到的关于"自己"的语言事实对短语比较分析和伴随结

构分析都提出了挑战，但是可以在子句比较分析中得到直观的处理。如果假定比较句的底层结构如（27），涉及两次比较谓词的出现，则宽泛解读在预料之中：

(27) ［张三ᵢ喜欢自己ᵢ的妻子］比［李四ⱼ喜欢自己ⱼ的妻子］。

除了"自己"的语义表现之外，还有一些别的语言事实支持子句比较分析。这些语言事实包括：(a)"比"字比较句所呈现的重构效应；(b)"比"字比较句中比较目标和比较标准的句法依存关系条件（比如动词拷贝比较句中，所有的动词必须完全相同；宾语前置比较句中，充当宾语的词语在语义特征、范畴等方面必须一致）等。先来考察重构效应。重构效应指的是有些句法成分在逻辑式层次(LF)必须要"重构"到它们移位前的位置，以得到合格的语义解读。考虑下面涉及 A-移位(A-Movement)的例子(28)：

(28) Someone from New York is very likely to win the lottery. (Agagnostopoulou and Fox 2007)

(28)有两种语义解读，在第一种解读中，*someone* 相对于 *likely* 取宽域，意为说话人认为的某一个特定的人有可能赢得彩票；在第二种解读中，*someone* 相对于 *likely* 取窄域，意为有可能某个从纽约来的人会赢得彩票。在第二种解读中，*someone from New York* 需要"重构"到 *likely* 的补足语位置，以获得合格的语义解释，如(29)所示：

(29) [Someone from New York]$_i$ is very likely t$_i$ to win the lottery.

根据 Erlewine(to appear)的观察,汉语"比"字比较句呈现类似的歧义现象。下面的例(30)既可以表示某个特定的中国运动员相比于某个特定的澳洲运动员更有可能赢得比赛,也可以表示有可能中国运动员相比于澳洲运动员更会赢得比赛:

(30) 中国运动员比澳洲运动员有可能赢得比赛。

    a. $\exists^2 > likely$:某个特定的中国运动员比某个特定的澳洲运动员有可能赢得比赛。

    b. $likely > \exists^2$:有可能中国运动员比澳洲运动员会赢得比赛。

要得到(30b)的语义解读,"中国运动员"和"澳洲运动员"必须同时重构到"有可能"的补足语位置,相关的底层结构如(31)所示。这一结构的生成涉及了平行删除操作:

(31) [$_{TP1}$ 中国运动员$_i$[$_{PD}$ λ[$_{VP1}$ ~~有可能~~ [$_{IP}$ t$_i$[$_{VP}$ ~~赢得比赛~~]]]]] 比[$_{TP1}$ 澳洲运动员$_i$[$_{PD}$ λ$_j$[$_{VP1}$ 有可能 [$_{TP}$ t$_j$[$_{VP}$ 赢得比赛]]]]]。

短语比较分析只涉及一次谓词的出现,因而不能对这一事实做出正确的预测。伴随结构分析也很难处理这一现象。在伴随结构分析中,"[中国运动员[比澳洲运动员]]"是一个复合名词短语,这一结构整体"重构"到"有可能"的补足语位置。这一过程如(32)所示。这一分析导致的后果是会错误地预测到(33)是合格的句子：

(32) [中国运动员[比澳洲运动员]]ᵢ 有可能 tᵢ 赢得比赛。

(33) * 中国运动员比澳洲运动员赢得比赛。

"比"字比较句中的比较目标与比较谓词、比较标准与比较谓词之间的句法依存关系也表明了这一结构适用于子句比较分析。传统语法研究中提到了"比"字比较句要受到平行性条件的制约,譬如张斌(2010)指出："'比'字句中充当比较目标与比较标准的词语,词类或者结构一般相同,句法功能一致"(p. 590)。部分例子如(34—35)：

(34) a. 弟弟学习比哥哥学习好。

   b. * 弟弟学习比哥哥颜值好。

(35) a. * 他的法文比我说中文说得流利。[包华莉 1993：例(52)]

   b. * 张老师的数学比李老师教化学教得认真。[同上：例(53)]

另外一类表明比较目标与比较标准受到平行性条件的制约的结构是宾语前置比较句(36)。在这类结构中,比较目标和比较标准中所包含的前置宾语,必须在[±动物性]等语义特征上完全一致：要么都具有[+动物性],要么都具有[-动物性],不然就会导致句子不合格,如(37)所示：

(36)? [我苹果]比[*pro* 香蕉]喜欢。

(37) a. ＊/？？［我猫］比［*pro* 香蕉］喜欢。

　　 b. ＊/？？［我李冰冰］比［*pro* 香港］喜欢。

　　为了对上述语言事实做出更直观的处理，本章假定比较句的底层是子句比较。这一分析认为比较句比较的是"［比较目标［比较谓词］］"与"［比较标准［比较谓词］］"这两个子句所指称的程度（通过最大化算子 MAX 实现）。要实现这一语义，在句法生成中，比较谓词发生了平行删除操作（38）。[①]

（38）

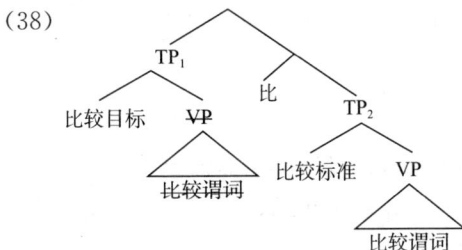

　　在（38）的结构中，"［比较目标［比较谓词］］"组成一个子句，"［比较标准［比较谓词］］"也组成一个子句，"比"是连接子句的连词。借鉴 Moltmann(1992)对连接结构和比较关系的讨论，我们认为，这一连接结构具有非对称性。在句法表层，TP_2 位于"比"的补足语位置，而 TP_1 位于"比"的先行语位置。这一非对称性导致的隶属关系结构和 TP_1 和 TP_2 在语义上的不对称关系相一致（即 TP_1 指称

---

　　① 李临定(1986)提出了用"删除法"来处理比较句。包华莉(1993)提出了不同的意见，认为汉语不允许动词删除，所以比较句中也不存在删除。包华莉这一观点已经被证明是错误的。汉语允许各种类型的动词删除结构（见邓思颖 2011）。应该注意到，传统语法分析所采用的"删除法"和最简方案中的"平行删除"有本质的区别。

的程度值超过了 TP₂ 指称的程度值)(见 Moltmann 1992:302—
303)。为了满足在语音形式层次的最简化条件,TP₁ 中的比较谓词
发生了平行删除,从而得到了"[比较目标[比较谓词]]比[比较标准
[比较谓词]]"的表层形式。

借鉴 Kennedy(2002),Takahashi & Fox(2005),Erlewine
(2012,to appear)等的思路,本章认为,平行删除是语义等同条件下
的删除,也就是说,在语义上等同的两个成分,为了满足最简结构的
要求,其中一个成分在语音形式(PF)要被删除。典型的平行删除结
构如例(39)所示。为了正确得到宽泛解读,第二个句子中的 VP 因
为满足语义等同条件得到了删除。这一过程如(40)所示(EC = Eli-
ded Constituent):

(39) John admires his professor. Bill also does，too.

    a. 严格解读:Bill admires John's professor.

    b. 宽泛解读:Bill admires Bill's professor.

(40) a. $[_{ZP}$ XPx $\cdots$ $[AC \cdots x \cdots]]$, $[_{WP}$ YPy $\cdots$ $[\cdots <_{EC} \cdots$
    y $\cdots>]$

    b. John admires his professor, and Bill also $[<_{EC}$
    ~~λx. admires x's professor~~$>]$

Takahashi & Fox(2005)用"删除最大化(MaxElide)"规则来刻
画平行删除操作,并提出了允准删除的平行条件。这两个条件分别
如(41)和(42)所示①:

---

① Erlewine (to appear)用"比较删除要求(Comparative Deletion Requirement)"来
刻画平行删除操作。

（41）删除最大化（MaxElide）：删除最大可删除成分（Elide the biggest deletable constituent）。（Takahashi & Fox 2005：229）

（42）删除的平行条件（Takahashi & Fox 2005：229）

 i. 要允准 EC 的删除，必定存在一个成分 PD（Parallelism Domain），PD 自反性支配 EC（即 PD≥EC），并且满足如下的平行条件（ii）；

 ii. PD 和另一个先行成分（antecedent constituent，AC）在语义上是等同的，除非（iii）；

 iii. PD 是焦点标记成分：存在焦点选项 PD_{ALT}，$[[\,PD_{ALT}\,]] \in PD]]^F$，就每一个指派函数 g，$[[AC]]^g = [[PD_{ALT}]]^g$。

  简言之，除非受到焦点因素等的影响，平行删除可以发生在两个语义上等同的成分之间。这一思路有助于我们深刻考察"比"字比较句的句法生成和语义组合机制。"比"字比较句的生成过程分为四个步骤。第一步，按照汉语句子的生成规则，比较目标和比较谓词组成一个子句，即"目标 TP"；第二步，比较标准和比较谓词组成另一个子句，即"标准 TP"；第三步，这两个子句通过连词"比"联接起来。在句法结构中，"[比较标准[比较谓词]]"是"比"的补足语，"[比较目标[比较谓词]]"是"比"的指示语；在线性顺序上，实现为"[目标 TP][比[标准 TP]]"；第四步，"目标 TP"和"标准 TP"中的比较谓词满足语义等同条件，发生平行删除，最后得到"[比较目标[比较谓词]比[比较标准[比较谓词]]"的表层结构。以"[梁龙]比[霸王龙]高"为例，其生成过程如图（43）所示：

（43）

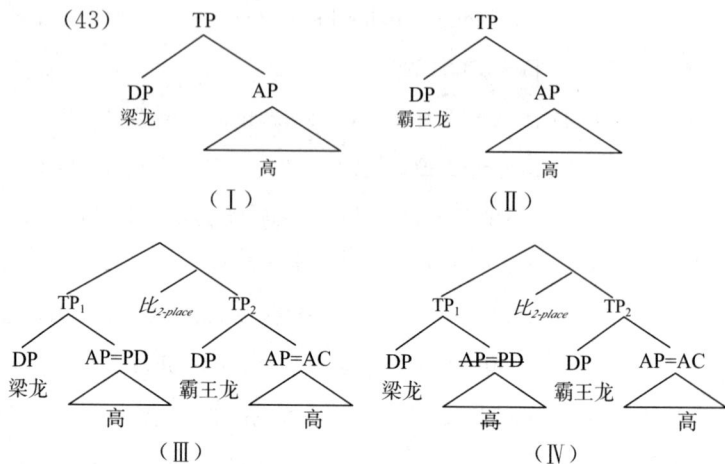

（Ⅰ）　　　　　　　　（Ⅱ）

（Ⅲ）　　　　　　　　（Ⅳ）

这一句法分析可以得到理想的语义组合方式。"[梁龙]比[霸王龙]高"的语义推导过程如（44）所示：

（44）a. $[[比_{2-place}]] = \lambda D_{1<d,t>} \lambda D_{2<d,t>}.\ \mathrm{MAX}(D_1) >$
$\mathrm{MAX}(D_2)$ ①

b. $[[高]] = \lambda d \lambda x.高(d)(x)$

c. $[[梁龙高]] = \lambda d.高(d)(梁龙)$

d. $[[霸王龙高]] = \lambda d.高(d)(霸王龙)$

e. $[[比_{2-place}]]([[梁龙高]])([[霸王龙高]])$

$= \lambda D_{1<d,t>} \lambda D_{2<d,t>}.\ \mathrm{MAX}(D_1) > \mathrm{MAX}(D_2)(\lambda d.高$

---

① 比较算子还可以是三元谓词（"梁龙比霸王龙高三米"）。在这种情况下，比较算子的语义如下所示：

(i) $[[-er_{3-place}]] = \lambda D_{1<d,t>} \lambda D_{2<d,t>} \lambda d.\ \mathrm{MAX}(D_1) \geqslant \mathrm{MAX}(D_2)+d$

$$(d)(梁龙))(\lambda d.高(d)(霸王龙))$$
$$= MAX(\lambda d.高(d)(梁龙))> MAX(\lambda d.高(d)(霸王龙))$$
$$=高度(梁龙)> 高度(霸王龙)$$

　　这一分析除了对比较句所体现的比较目标和比较标准之间的各种平行性条件做出更直观的说明之外，还能更直接地处理反身代词"自己"的语义表现以及重构效应。"自己"允许宽泛解读，是因为在句法生成过程中，"自己"分别位于不同的子句中，分别被比较目标和比较标准所成分统制。在例(45)中，PD 和 AC 在语义上是等同的，满足平行删除条件，TP$_1$中的 VP 在语音形式层次被删除。

（45）　　张三比李四喜欢自己的妻子。

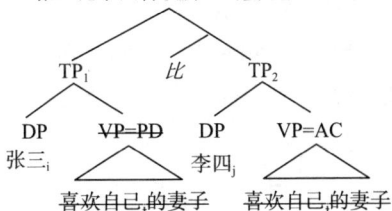

　　动词拷贝比较句(46a)的生成过程也能被直接地揭示。因为在句法底层就是同一谓词，句法表层的匹配效果在预测之中：

（46）a. 张三骑马比李四骑牛骑得快。

　　　b. [$_{目标}$TP 张三 [$_{VP1}$ 骑 [$_{PD}$ λi[马]^F [$_{VP2}$ 骑$_i$得快]]]] 比 [$_{标准}$TP 李四 [$_{VP3}$ 骑[$_{AC}$λj[牛]^F [$_{VP4}$ 骑$_j$得快]]]]。

（46b）表明了平行删除操作要受到信息结构（如焦点）的影响。Kennedy(2002)较早注意到了焦点因素对比较句中删除操作的影响：如果某个成分是焦点，可以不用强制删除，如(47)。

(47) This desk is higher than that one is [HIGH]^F.

毫无疑问，汉语比较句的句法生成也会受到焦点等因素的影响。朱德熙(1983)、何元建(2010)等都观察到，依据句子对比焦点的不同，比较句有不同的表层形式：

(48) 你的个子比他的个子高|你的个子比他的高|你的比他的个子高|你的比他高|你比他高。

焦点因素如何影响平行删除是一个值得关注的课题。限于篇幅，本章把这一问题留待后续研究。①

7.4　结语

究竟比较句采用短语比较（语义上体现为个体比较）还是子句

---

①　另一个问题是为什么平行删除后得到的是"[梁龙[高]]比[霸王龙[高]]"，而不是类似英语的"[梁龙[高]]比[霸王龙[高]]"。我们认为这一差异，和 than 与"比"的差异有关。在本章的分析中，"比"是表示隶属关系(subordination)的连词。在隶属结构中，趋后删除(backward deletion)是允许的，如：

(i) 因为你也要去，所以我才要去。(Liu 2011:1787)

(ii) 因为你可以留下来，所以他才可以留下来。(同上)

英汉语中的比较句的语义相似，但是句法结构迥异。这一问题还有待更多的研究。

比较(语义上体现为程度比较),是当前关于比较结构的研究的中心问题之一。本章通过对几类语言现象的梳理,提出子句比较分析(可能)更适用于汉语"比"字比较句。这些现象包括:在"比"字比较句中,比较目标和比较标准要满足平行性条件;充当比较目标和比较标准的词语,在词类、结构和句法功能上必须一致;在动词拷贝比较句中,所涉及的动词必须等同;在包含前置宾语的比较句中,比较目标和比较标准中的宾语在语义特征上必须一致;比较句中的反身代词"自己"允许宽泛解读;比较句呈现重构效应。这些现象对短语比较分析和伴随结构分析造成了挑战。为对这些现象做出更合理的解释,本章提出,"比"字比较句在句法生成中发生了受到语义平行条件驱动的平行删除的操作,"比"是连接两个外延为程度的子句的连词,表示这两个程度之间构成顺序(<)关系。这一分析为深入探索汉语"比"字比较句的语义本质提供了新的视角。

(本章发表于《现代外语》2017 年第 3 期,略有删改)

第8章　程度比较的跨语言类型：以英汉语量级等比句为例

8.1　引言

依据物体具有的某种属性（高度、重量、颜值等）的量，在物体之间建立某种顺序关系，是人类具有的基本认知能力之一（Sapir 1944）。这一认知能力反映在自然语言中体现为形形色色的比较句（Dixon 2008）。虽然从跨语言的角度来看，不同语言的比较句一般具有比较目标（target of comparison）、比较标准（standard of comparison）、比较谓词（predicate of comparison）、比较标记（standard marker）等共同语义构件，但它们在形态和句法上存在巨大的差异（Stassen 2006；Beck et al. 2009）。本章考察对象是英汉语中的量级等比句（scalar equatives），其中比较谓词具有等级性。英汉语量级等比句都表示人或事物的某一特征或属性相似或相同，如（1）：

(1) a. [Mr. Darcy]$_{Target}$ is as [rich]$_{Predicate}$ as [Mr. Bingley is]$_{Standard}$.（Beck 2012：1349）

　　b. [达西]$_{Target}$ 像 [宾利]$_{Standard}$ *（那样/一样）[富有]$_{Predicate}$。

例(1a)和(1b)都包含比较目标、比较标准、比较谓词等语义构件，具有相似的真值条件，但它们在形态句法上并不完全一样，譬如英语有专属的比较语素(as…as)，而汉语比较标准则由引介词"像"引出(朱德熙 1982；吕叔湘 1999)；汉语量级等比句中一般需要出现指示代词"那么/样"或"一样"(宋玉柱 1984；郝光顺 1989)，英语则无此要求；等等。① 目前汉语学界对比较句的研究主要以描写为主，对等比句深层语法机制的探索，以及对相关现象理论价值的挖掘，仍是一个薄弱环节。② 针对英语等比句虽然有专门的研究(von Stechow 1984；Beck 2012)，但基于英语的分析是否可以顺延到汉语，仍未可知。如果现有分析不适用于汉语，该如何处理汉语等比句的个体差异性？ 如何对英汉语量级等比句在形态句法上的变异做出更具原则性的解释？

探索跨语言变异现象背后的机制，是以探寻普遍语法特性为目标的当代语言学不可避免的问题。不同于以往将形态句法差异归结于功能语类的库藏(inventory)差异的思路(Hale & Keyser 2002；Ramchand 2008)，本章采纳"语义变异"的观点(Talmy 1985；Chierchia 1998；Francez & Koontz-Garboden 2017)，即形式变异和意义变异之间存在对应性，(某些)形态句法变异应该归结于深层(词汇)语义概念的对立。针对英汉语量级等比句在形态句法上的差异，本章提出两类不同的"程度"概念：一类程度表示对量的测量

---

① 汉语中使用"一样"的比较句可以分为三种类型，除了等比之外，还可以表示等同和相似(Chao 1968：342；朱德熙 1982)。在表示等同和相似的结构中，比较标准一般由连词"和、跟、与"引出，不用"像"；另外，量级等比句中的"一样"可以换成指示代词"那么"，等同和相似句则不行。本章仅讨论"像"字量级等比句。

② 参见袁海霞(2013：第 1 章)、邓凤民(2015：第 2 章)等关于汉语比较句的研究综述。

的抽象表达,对应于实数的集合,采纳该概念的比较句,比较语义通过程度之间的(非)对称顺序关系实现;另一类程度表示量的名物化,对应于抽象的类,采纳该概念的比较句,比较语义通过类所具属性之相似比较实现。前者以英语量级等比句为代表,后者则以汉语量级等比句为代表。这一"程度映射参数"假设不但能对英汉语量级等比句在形态句法上的分布差异做出更准确的预测和更合理的说明,还能加深对语义变异机制的认识,增进对语言普遍性和个体变异性这一对辩证统一的概念的了解。

8.2 程度语义学与英汉语量级等比句的语义分析

程度语义学(degree semantics)是近年来备受瞩目的语义学理论新思潮之一,其研究对象主要关注自然语言中等级形容词(gradable adjectives)及相关的程度结构,尤其是比较句。[①] "程度"一般被定义为对量的测量的抽象表达(abstract representation of measurement)(Cresswell 1976;von Stechow 1984;Kennedy & McNally 2005),对应于刻度(points)的集合。刻度之间满足偏序关系。用 d 表示程度,有 $d_1 \leqslant d_2 \cdots \leqslant d_n$,即程度集合满足自反性、反对称性和传递性。某一维度上,相互联结的程度的集合组成一个量级。从某种意义上来说,刻度具有数值,和实数对应。和事件语义学中的"事件"一样,"程度"是程度语义学中的原始概念(primitive),是不可再分的原子类型。

这一思路为等级形容词和比较句的语义分析提供了更为直观

---

① 有关程度语义学更详细的介绍及其在汉语研究中的应用,见罗琼鹏(2016,2017,2018)。

的思路。等级形容词不再单纯指称个体的属性，而是个体到程度的二元关系，如"tall"是高到一定的程度，"long"是长到一定的程度，等等。用 d 和 x 分别表示程度论元和个体论元，D_d 表示程度的集合，D_e 表示个体的集合，等级形容词的语义如（2）：

> （2）a.$[[\ tall\ ]] = \lambda d: d \in D_d.\lambda x: x \in D_e.$ **height** $(x) \geqslant d$ $(<d,$
>
> $et>)$
>
> b. $[[\ large\ ]] = \lambda d: d \in D_d.\lambda x: x \in D_e.$ **largeness** $(x) \geqslant d$
>
> $(<d, et>)$

Jespersen(1933:Ch. ⅩⅫ)曾提出比较句的语义和程度有关。程度语义学对比较句的语义分析分为几个步骤。首先，等级形容词指称从个体到程度的二元关系。其次，比较目标所在的主句和 *than* 引导的比较标准所在的子句分别指称程度的集合，并且程度的集合通过最大化操作生成类型为 d 的程度。最大化操作（Maximalization）作用于程度之集合，返回该集合中程度的最大值（3）：

> （3）$MAX(D) = \iota d[D(d) = 1 \wedge \forall d'[D(d') = 1 \rightarrow d' \leqslant d]]$

再次，比较语素（*more* 或 −*er*）在比较目标和比较标准所具程度之间建立某种顺序关系，其定义如（4）[据 Beck 2012:(15)，略有改动]：

> （4）$[[\ -er\ ]] = \lambda D_{2<d,\ t>}\lambda D_{1<d,t>}.MAX(D_1) > MAX(D_2)$

在例(5)中,"more/-er than Clyde is tall"包含程度论元(the height of Clyde),可以视为类似于广义量词的程度短语(DegP),其类型是 $<dt, t>$,位于 AP 的指示语位置。因形容词的类型为 $<d, et>$,这一结构不能和形容词直接组合。为了满足可解读性,DegP 通过量词提升的方式移动到句首的附加语位置(留下一个类型为 d 的成分)。这一思路和经典的 wh-movement 操作一致(Chomsky 1977)。(5)的逻辑式结构(LF)如(6)所示:

(5) Floyd is taller than Clyde (is tall).

(6) a. 底层结构:Floyd is $[_{AP}[_{DegP}$-er than $[$Clyde ~~is tall~~$]]$ tall$]$

　　 b. 逻辑式结构:$[_{DegP}$-er than $\lambda d_2[$Clyde is d_2 tall$]][\lambda d_1$ $[$Floyd is $[d_1$ tall$]]]$

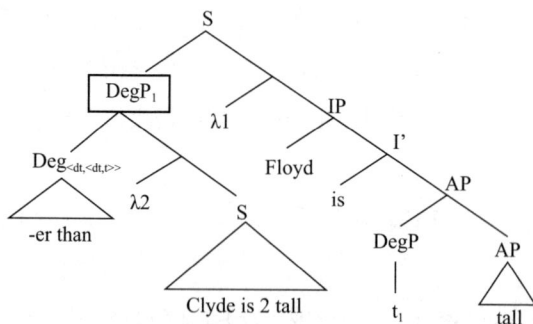

图(6)中的"-er"联结两个程度论元,分别是"the height of Floyd"和"the height of Clyde",并在这两个高度之间建立不对称的顺序关系。(5)的语义推导可以表述如(7):

(7) a. λ-Abstract ($[[$ *Floyd is t_1 tall* $]]$) = λd_1. **tall** (Floyd) (d_1)

b. $[[$ *λ2 Clyde is 2 tall* $]]$= λd_2. **tall** (Clyde) (d_2)

c. $[[$ *-er* $]]$ (λd_1. **tall** (Floyd) (d_1))(λd_2. **tall** (Clyde) (d_2))

= MAX (λd_1. **tall** (Floyd) (d_1)) > MAX (λd_2. **tall** (Clyde) (d_2))

d. $[[$ *Floyd is taller than Clyde* $]]$ = 1 iff **height** (**Floyd**) > **height** (**Clyde**)("Floyd is taller than Clyde"为真当且仅当：Floyd 的高度大于 Clyde 的高度)。

von Stechow(1984)认为等比句的语义和差比句非常相似，它们之间唯一的区别在于所涉及的"顺序关系"略有不同：前者是"满足（≥）"关系，表示"x is at least as Adj as y"，后者是"超过（＞）"关系，表示"the Adj-ness of x is greater than the Adj-ness of y"。这一观点得到了学界的广泛认可和继承（见 Beck 2012 及其所引文献）。设"as⋯as"表示"满足"关系，其语义如（8），等比句的语义推导如（10）：

(8) $[[$ *as⋯as* $]]$ =λ$D_{2<d, t>}$λ$D_{1<d,t>}$. MAX(D_1)≥MAX(D_2)

(9) a. Floyd is as tall as Clyde.

b. [as⋯as [λ2[Clyde is 2 tall]]][λ1 [Floyd is 1 tall]]

(10) a. λ-Abstract ($[[$ *Floyd is t_1 tall* $]]$) = λd_1. **tall** (Floyd) (d_1)

b. $[[$ *λ2 Clyde is 2 tall* $]]$= λd_2. **tall** (Clyde) (d_2)

c. $[[\ as\cdots as\ ]]$ $(\lambda d_1.$ **tall** （Floyd）$(d_1))$（$\lambda d_2.$ **tall** （Clyde）$(d_2))$

$=$ MAX $(\lambda d_1.$ **tall** （Floyd）$(d_1)) \geqslant$ MAX $(\lambda d_2.$ **tall** （Clyde）$(d_2))$

d. $[[\ Floyd\ is\ as\ tall\ as\ Clyde\ ]] = 1$ iff **height** （**Floyd**）$\geqslant$ **height** （**Clyde**）（"Floyd is as tall as Clyde"为真当且仅当：Floyd 的高度满足 Clyde 的高度，即 Floyd 至少和 Clyde 一样高）。

这一分析得到了两项语言事实的支持。首先，英语量级等比句允许表示倍率的差项（differentials），如（11）：

(11) a. He could not help seeing that you were about *five times* as pretty as every other woman in the room. (*Pride and Prejudice*)

b. The curtain is *twice* as wide as the window. (Beck 2012：1349)

英语量级等比句的语义分析是建立在程度比较的基础上的。程度被定义为对"量的测量的抽象表达"（Kennedy & McNally 2005），对应于实数。实数适用于包括乘法在内的各种算术运算，因而（11）可以接受。

其次，采纳最大化操作的语义分析，实际上创造了一个单调向下蕴含的语境。证明：

（12）D'⊆D

$$\frac{[[\ as\cdots as]]\ (D)\ (P)\ =1(即:MAX(P)\geqslant MAX(D))}{\therefore[[\ as\cdots as]]\ (D')(P)\ =1(即:MAX(P)\geqslant MAX(D'))}$$

如果 Floyd is as tall as Clyde 为真,则对于所有比 Clyde 小的程度而言(D'⊆D),Floyd 的高度也必定满足 D'。因为否定敏感词项(negative polarity item,NPI)一般只能出现在单调向下蕴含的语境中(Ladusaw 1980),英语量级等比句比较标准中应该允许否定敏感词项出现。实际结果如预测(Penka 2017):

（13）a. Paris is as quiet as *ever*.

　　　b. Two glasses was as much as I *cared to* drink.

　　　c. Jim is as competent as *any* body here could possibly be.

综上,英语量级等比句中的程度表示抽象的量,具有某种数值,比较语素"as⋯as"表示程度之间的满足(≥)关系。如果汉语量级等比句沿用和英语一样的语义机制,汉语量级等比句会有和英语一样的语法特性。但事实并非如此。

8.3　汉语量级等比句的语法特征

汉语学界对等比作为一种重要比较范畴的认识可以追溯到《马氏文通》。马氏把汉语比较范畴分为平比、差比、极比三类,认为凡"象静字(形容词)"两端"无轩轾(没有差异)",就是平比[马建忠

1898(1988):168—169]。这里的平比就是本文所谓的"等比"。古汉语用"如、若"等引导比较标准,现代汉语中,比较标准一般由"像"引出:

> (14) a. 君子之交淡若水,小人之交甘若醴。[转引自马建忠 1898(1988):168]
>
> b. 他不像你这样聪明,但像你一样勤奋。(吕叔湘 1999:579)

在例(14b)中,"他"是比较目标,"勤奋"是比较谓词,比较标准"你"由"像"引出。从真值条件来看,汉语量级等比句和英语量级等比句非常相似。如"他像你一样勤奋"的真值条件是他勤奋的程度满足你勤奋的程度。尽管英汉语量级等比句具有相似的真值条件,它们在形态句法上仍具有一系列系统性的差异。

　　首先,汉语量级等比句的比较标准一般不能允准否定敏感词项。汉语否定敏感词项包含"任何、什么、从来"等,它们一般只能在否定语境中出现。否定语境是典型的单调向下蕴含语境:

> (15) a. 张三*(不)喜欢任何人。
>
> b. 张三从来*(没)去过马尼拉。
>
> c. 张三*(没)吃过什么东西。

　　如果汉语量级等比句的比较标准也是单调向下蕴含语境的话,否定敏感词项应该可以得到允准,但事实并非如此:

(16) a. ＊张三像任何人一样高。

b. ＊张三像从来去过芝加哥一样高兴。

c. ＊张三像什么人一样高。(只有疑问用法)

其次,在汉语等比句中,一般需要出现指示代词"那么/样"或"一样",英语则无此要求。下面的例子(17)改编自郝光顺(1989:71):

(17) a. ＊这个孩子的脸像苹果红。

a'. 这个孩子的脸像苹果那么红。

b. ＊维吾尔族的歌手像百灵鸟歌唱。

b'. 维吾尔族的歌手像百灵鸟一样歌唱。

(18) ＊Floyd is as {that, the same} tall as Clyde.

例(17a')、(17b)中的"那么"和"一样"用于回指程度。邢福义(2012)观察到,在数量短语修饰形容词的"数＋量＋形"结构中,如果形容词是"大、高、宽、长、深、重、粗"等,则在数量短语和形容词的中间可以插入"那么",如:大约八公尺那么高 | 大约七英寸那么宽。这一现象还见于由此衍生出来的"数＋量＋名＋形容词"的结构,如:

(19) a. 于是拿出四只铜制镀银的字,一方寸那么大。

b. 你看李梅亭的铁箱不是有一个人那么高吗?

例(19)中的"那么"回指前面的数量短语。数量短语的语义和程度有关。"一方寸、70 平方"(以及衍生出来的"数量名"结构)等都指称程度。这里的程度是某一个体在某一属性中具有的(精确的)量度。

"一样"也可以用来回指程度：

> (20) a. 张三两米高,李四也一样高。(一样＝两米)
>
> b. 张三很聪明,李四也一样聪明。(一样＝张三的聪明)
>
> c. 张三 160 斤重,李四也一样重。(一样＝160 斤)

再次,和英语量级等比句允许倍率作为差项不同,汉语量级等比句一般不允许倍率作为差项出现：

> (21) a. *张三像李四两倍高。
>
> b. *黄山像庐山 1.5 倍高。

表 8-1 总结了英汉语量级等比句的差异：

表 8-1　英汉语量级等比句语法特性对比

	比较标准允准 否定敏感词项	程度指示代词 必须出现	允许倍率 差比项
英语	＋	－	＋
汉语	－	＋	－

上述差异表明,如果沿用英语量级等比句的分析,将无法对汉语现象做出合理的解释。有三个问题需要回答：(a)汉语量级等比句具有什么样的句法和语义？(b)怎么解释汉语量级等比句的个体特性？(c)如何解释英汉语跨语言的差异？

8.4　两种程度的概念

从跨语言的角度看,汉语并非唯一具有上述特性的语言。譬如德语等比句也不允准否定敏感词项(Penka 2017)：

　　(22) a. *Der Jemen ist so schön，wie ich jemals gedacht
　　　　　　 habe.

　　　　　　 the Yemen is so beautiful how I ever thought have

　　　　 b. *Der Palastist so gross wie sich irgendjemand vor-
　　　　　　 stellen kann.

　　　　　　 the palace is so big how REFL anybody imagine can

　　在一些斯拉夫语言的量级等比句中，需要出现一个和类指有关的指示语。如下面波兰语的例子(*tak* ＝ such)：

　　(23) a. taki pies jak ten such dog WH this
　　　　 b. tak wygoki jak Clyde such tall WH Clyde
　　　　 (Anderson & Morzycki 2015)

　　汉语量级等比句中，"像"对其补语成分的语义要求也表明，程度和类指有关系。李向农(1999)观察到，"像"的补语一般要具有专指性。一般来说，只有定指成分、类指成分(kind)或特指成分(specific)，才能成为"像"的补语，非定指的数量短语一般不能接在"像"的后面：

　　(24) a. 耗子像猫一样大。(类指)
　　　　 b. 张三像李四一样高。(专有名词)
　　　　 c. 这本书像那本书一样厚。(定指)

　　d.　*这本书像三本书一样厚。（非定指成分）

　　定指和类指成分具有天然的语义联系。在存在冠词系统的语言（如英语）中，可数名词的复数形式（Ns）和"the＋N"都可以表类指，并且具有相同的句法分布（Chierchia 1998）：

　　(25) a. The dodo is extinct.

　　　　b. Dodos are extinct.

　　Chierchia（1998）论证了定指成分、类指之间和属性之间具有内在的联系，并用"类指—属性"互转模型来予以说明。他指出，所有的一阶属性，都对应于一个由该属性所定义的自然类。如普通名词"dog"表示 dog 的属性，但同时也对应于 dog 这个类。有两种语义操作在"属性"和"类指"之间进行转换。一种叫名物化操作（nominalization），作用某种属性，生成由这种属性所定义的类别，用算子"∩"表示，与名物化相对应的叫谓词化操作（predicativization），作用于某一个指类成分，得到该类所具有的某种属性，用算子"∪"表示。用 PANDA 表示属性，对属性的名物化可以得到熊猫这个类：∩PANDA＝k，对类的谓词化可以得到熊猫的属性：∪k＝PANDA。这两种语义操作如（26）（Chierchia 1998:349）：

(26)　　**PROPERTIES**　　　　　　　　**KINDS**

Anderson ＆ Morzycki（2015），Scontras（2017）采纳这一框架，提出了一种新的关于程度的概念。他们认为，就像属性可以转换为类一样，量也可以名物化，转换为抽象的类。如"三米"既表示"三米"的量，也可以表示由高度三米的事物组成的抽象的类。换言之，"程度"还可以是量的名物化，是质和量的统一体。这一新的关于程度的概念定义如（27），其中 k 表示类，μ_f 是由语境决定的测量函数：

（27）程度是量的名物化：DEGREE $= {}^{\cap}\lambda x.\exists k \lfloor \mu_f(x)=n \wedge {}^{\cup}k(x)]$

"像"对其补语的限制表明这一新的程度概念的适用性。"像 X"表示从 X 这个类到该类的某种属性。我们把"像"定义为一个从类到该类所代表的属性的二元谓词，如（28）：

（28）$[[像]]=\lambda k \lambda o.{}^{\cup}k(o)$

这一语义表述准确刻画了量级等比句中"像 X"结构的语义，如"他像熊猫那样可爱"，其中的"熊猫"是指类名词，比较标准是熊猫这种动物的可爱度；"维吾尔族少女像百灵鸟那样歌唱"中的"百灵鸟"也是指类名词，比较标准是百灵鸟歌声的甜美度；等等。定指名词是独一无二的类，在"深圳像广州一样大"中，比较标准是广州这个城市的面积或人口的"度"。

这两种不同的程度概念，映射到语法体系中，必然会导致不同的句法组构关系和语义组合方式：

(29) 程度映射参项(Degree Mapping Parameter,DMP)

    (i) 类型 A(d ∈N)：程度＝抽象的量,对应于实数的集合,采纳该概念的比较句,比较语义通过程度之间的(非)对称顺序关系实现；

    (ii) 类型 B(d ∈K)：程度＝量的名物化,对应于抽象的类,采纳该概念的比较句,比较语义通过类所具属性之比较实现。

在类型 A 所代表的语法体系中,因为程度对应于量,可以用(抽象的)数值表示,比较句的语义可以通过程度(数值)之间的(非)对称顺序来表示。在类型 B 所代表的语法体系中,程度对应于抽象的类,因为类和属性之间的天然联系,这一种程度不能用(抽象的)数值表示,比较句的语义只能通过属性相似或相异实现。后者在句法组构上,是一种广义的修饰结构,在语义组合上采取修饰结构常用的交集类操作方式(intersective semantics)。汉语量级等比句恰好是类型 B 的典型代表。

8.5　汉语量级等比句的句法和语义分析

有一系列的证据表明,在"像"字量级等比句中,"像＋比较标准"(以下用"像＋X"表示)是一个修饰成分,修饰谓词。

(一)宋玉柱(1984)观察到,虽然"像"有动词性用法,可以进入"A—不—A"结构,如"我像不像一个运动员/她像不像一只花蝴蝶",但等比句中的"像"只能是介词,体现在这一用法的"像"不能进入"A—不—A"框架。下面的例子和判断来自宋玉柱(1984:16—17)：

(30) a. 重男轻女旧思想在某些地方还像山一样重,……

　　　b. * 重男轻女旧思想在某些地方还像不像山一样

　　　　 重,……

(二) 宋玉柱同时还观察到,"像 X 一样/那样"在句中位置比较

灵活,可以置于主语之前,也可以置于主语之后:

(31) a. 像初春的旋风一样,他来去匆匆。

　　　b. 像春天的风一样,他温和地和我说话。

(三)"像 X 一样/那样"可以独立使用,也可以被用来提问:

(32) A:他俩关系怎么样?

　　　B:好着呢,像亲兄弟一样。

(四) 汉语修饰结构中,修饰语和被修饰对象中间一般可以插入

"的"。"像 X 那么"谓词中间,都可以插入"的",不影响句子的可接

受度。下面的例子改编自朱德熙(1982):

(33) a. 这儿的耗子像猫那么的大。

　　　b. 脸色像纸那么的白。

(五)"像"字量级等比句可以变化为相应的"得"字结构,其中

"像 X 一样"是"V 得"的补语:

(34) a. 这栋楼像山一样高。→ 这栋楼高得像山一样。

b. 他像马云一样精明。→ 他精明得像马云一样。

c. 张三开车像职业选手一样熟练。→ 张三开车熟练
得像职业选手一样。

这些事实表明,"像 X 一样/那么"是修饰语,在句法上属于附加
成分(adjunct),附加于主句,其中的指示代词"那么"回指比较标准
具有的某种属性的程度。以"张三像李四那么聪明"为例,这一结构
是由底层的"张三[像[[李四聪明][那么_{=李四的聪明度}]]]聪明"推导而
来,比较标准中的谓词"聪明"因为和主句的比较谓词相等,发生了
等同删除(deletion under identity)(Citko 2001)。采纳附加语结构的
有关分析,我们得到(35)的结构,其中"像+比较标准"构成 DegP(程
度短语),附加于主句,和主句构成修饰关系:

(35) a. [_{TP}张三[_{XP}[_{DegP}[像[李四聪明][那么]]]][_{XP}张三[_{AP}
高]]]]。

b. [[那么/一样]] =李四的高度

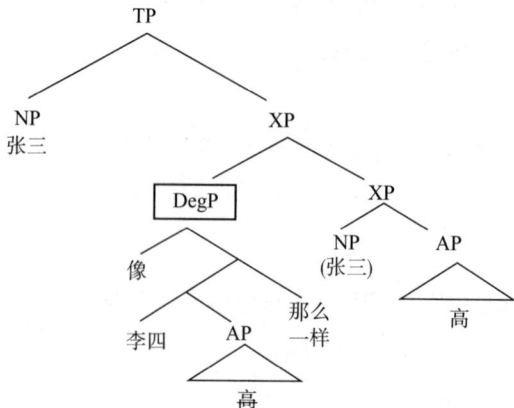

把汉语量级等比句处理为修饰结构，为深入剖析汉语量级等比句的语义机制指明了方向。先来考虑指示代词"一样/那么"的语义。和一般回指个体的指示代词不同，"一样/那么"回指某类具有的某种属性（的程度）。[①] "一样/那么"的语义如（36），其中 k 的值由语境或上下文提供：

$$(36)\ [[一样/那么]] = \lambda o.\breve{}\,k_c(o)$$

修饰结构的语义组合都通过谓词修饰（Predicate Modification，PM）进行（Heim & Kratzer：65）。谓词修饰规则本质上是一种交集类语义操作。借鉴 Anderson & Morzycki（2015）的思路，引入 s 论元，表示形容词表示的某种状态。在本章的分析中，程度表示某种抽象的类，可以充任"像"的论元。（37）的语义推导如（38）：

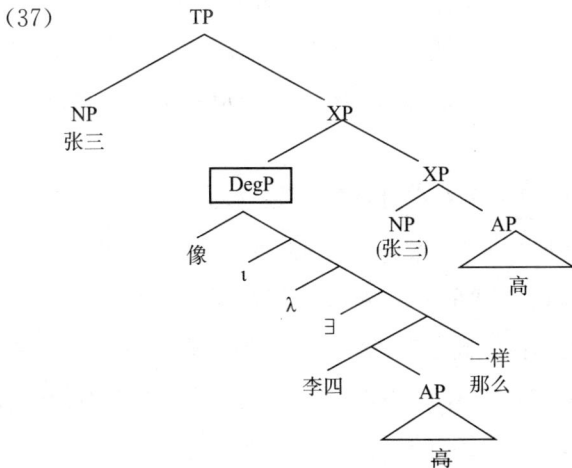

（37）

```
                      TP
              ┌───────┴───────┐
             NP               XP
             张三        ┌─────┴─────┐
                      ┌─DegP─┐      XP
                      │      │   ┌──┴──┐
                      像     ι  NP    AP
                            λ  (张三)  高
                            ∃
                        ┌───┴───┐
                       李四     AP    一样
                              高     那么
```

（38）a. [[李四高]] = λs. **tall**（s，LS）

b. [[［李四高]]]]]∩[[一样]] = λs.**tall**（s，LS）∧⌣ k（s）（谓词修饰）

c. ∃一 [[［[李四高]一样]]]] = ∃s[**tall**（s，LS）] ∧⌣k（s）

d. [[λk[李四高一样]]]] = λk. ∃s[**tall**（s，LS）∧⌣k（s）]（λ一抽象）

e. Iota－Shift（[[λk[李四高一样]]]）= ιk[∃s[**tall**（s，LS）∧⌣k（s）]

f. [[像[λk[李四一样]]]] = λkλo.⌣k（o）（ιk[∃s[**tall**（s，LS）∧⌣k（s）]]）

　　　　　　=λo.⌣（ιk[∃s[**tall**（s，LS）∧⌣k（s）]（o）

g. [[张三高]] = λs. **tall**（s，ZS）

h. [[张三像李四一样高]] = λs'.⌣（ιk[∃s[**tall**（s，LS）∧⌣k（s）]]（s'）∧**tall**（s'，ZS）（谓词修饰）

步骤（38c）的存在封闭操作（∃－Closure）得到的表达式"∃s[**tall**（s，LS）] ∧⌣k（s）"，表示李四的高度达到某一程度，"ιk[∃s[**tall**（s，LS）∧⌣k（s）]"中的 iota（限定算子）把这一高度转换为限定表达式，意为"这李四的高度"。最后一步（38h）通过应用谓词修饰规则得到，意为：李四具有的高度达到某一程度，并且该程度也同样为张三所具有，换言之，张三的高度满足李四的高度。

这一分析的直接优势是能把一些表面上看似不相关的现象联系起来，有利于寻找不同现象、不同结构背后的共性。限制性定语从句和汉语量级等比句这两类看似不相关的结构，在句法底层都可以被视为修饰结构，受制于共同的语义机制。

　　本章的分析能为英汉语量级等比句在形态句法上的差异提供更具原则性的解释。首先，能解释为什么"一样/那么"在汉语等比句中必须出现。"一样"类似于等同函数。这一等同函数保证了比较标准，即"李四的高度"这个程度类所具之属性，也同样为比较目标，即"张三的高度"所具有。"那么"通过程度回指的方式，在比较目标和比较标准之间建立程度上的同指关系。没有这一层语义关系，则比较目标和比较标准之间无法建立联系，等比无成实现。

　　其次，在本章的分析中，汉语"像"后的比较标准是抽象的程度，如"他像熊猫一样可爱"，比较标准为"熊猫的可爱度"，"广州像深圳一样大"，比较标准为"深圳的面积/人口所具有的度"。这一标准相当于有定表达式（definite descriptions）。有定表达式不是一个单调向下蕴含语境，不能允准否定敏感词项（Jacobson 1995）。下面（39a）和（39b）不合法的原因一样，都是因为没有单调向下蕴含语境允准否定敏感词项：

　　（39）a. *I can read whatever Bill *ever* read.（Jacobson
　　　　　　　1995）

　　　　　b. *张三像任何人一样高。

　　再次，在本章的分析中，汉语"像"字量级等比句的等比语义的实现是基于特定个体/种类所具属性之相似度的比较，而非传统意义上对应于实数的程度之间的比较。属性（以及和属性相对应的类）和对应于实数（值）的程度不同，不适用于各类算术运算。因而，汉语量级等比句不允许倍率作为差项也在预测之中。相关例子重复如下：

（40）a. *张三像李四两倍高。

b. *黄山像庐山 1.5 倍高。

本章的分析还具有跨语言的应用价值。许多研究指出，并非所有语言的等比句都沿用英语的策略，如德语、波兰语、捷克语等都选择了和英语不一样的比较策略（Anderson & Morzycki 2015；Penka 2017）。在这一背景下对汉语量级等比句的研究，无疑对加深对"比较"的语义本质的认识具有重要价值。

8.6 结语

英汉语量级等比句可以表达相似的真值条件，在语义上都表示比较目标的程度和比较标准的程度存在"满足"关系，但它们在形态句法上却存在一系列的差异。这一系列差异可以归结为两类不同"程度"概念的分立：一类程度表示对量测量，对应于实数的集合；另一类程度表示量的名物化，对应于抽象的类。采纳前者的比较句，比较语义通过程度之间的（非）对称顺序关系实现；采纳后者的比较句，比较语义通过类所具属性之相似比较实现。深层程度概念的对立也导致了不同的句法组构关系和语义组合方式：和英语不同，汉语等比句是一种广义的修饰结构，在语义组合上采取交集类操作方式。汉语等比句通过属性相似实现比较语义，这正是《马氏文通》所概括的，即等比表示"象静字（形容词）"两端"无轩轾（没有差异）"
［马建忠 1898(1988)：168］。

　　虽然英汉语量级等比句有自己的个性特征和形态句法表现，但
这种变异并不是随意的。Chierchia(1998)主张，所有的一阶属性，在
个体域中，都有对应对象，即属性、个体和类这三种最基本的语义概
念之间存在天然的联系。同样的思路也可以用来审视程度的本体
论：程度可以是对量的测量，也可以是量的名物化；前者可以转化为
后者，后者在一定条件下也可以转化为前者。这种转化关系的存
在，体现了语法机制的柔韧性，导致了语言表层形式的多样性和复
杂性。但这种柔韧性是要受到普遍语法机制的制约：不管哪种程
度的概念，其本质都和事物某种属性的"度"有关。英汉语量级等
比句看似"殊途"实则"同归"的比较策略，无非是"度"这一基本概
念的不同作用方式在人类认知中的外在反映而已(Sapir 1944)。本
章的思路有助于我们深化对语言普遍性和个体变异性这一对概念
的认识。

　　应该将跨语言的变异归于语法的哪一部分？这是普遍语法探
索中不可避免的问题。不同于以往将形态句法差异归结于功能语
类的库藏差异的思路(Hale & Keyser 2002；Ramchand 2008)，本章
主张形式变异和意义变异之间存在透明性，（至少某些）形态句法变
异应该归结于深层（词汇）语义概念的对立(Talmy 1985；Chierchia
1998；Francez & Koontz-Garboden 2017)。Mairal & Gil (2006)指
出，在引入跨语言视角方面，形式语义学严重滞后于音系学、形态
学、句法学等领域。部分原因有可能是"形式语义学还是一个特别
年轻的学科"(von Fintel & Matthewson 2008：141)，也有可能是"形

式语义学和语言哲学之间的深厚渊源,语言哲学认为意义是普遍的"(Francez & Koontz-Garboden 2017:2)。本章的分析表明,跨语言的形式语义研究,同样是语言学家探索普遍语法特征的重要途径之一。

(本章发表于《外国语》2019 年第 3 期,略有删改)

第9章 汉语名词的程度与等级性

9.1 引言

当前语义学对形容词的研究建立了两条基本的结论:(1)依据形容词的真值条件是否依赖于某一比较标准或比较类别,形容词可以分为等级形容词和非等级形容词;(2)依据形容词所引导的量级结构的不同,等级形容词又可以分为相对形容词和具有最小(最大)标准的绝对形容词(Kennedy & McNally 2005;Kennedy 2007)。然而,是否其他范畴(如名词)也具有等级性一直是一个开放的问题(Morzycki 2016)。本章以"大+NP"结构为切入点,考察名词领域的等级性问题。本章拟考察的现象如(1—2)所示:

(1) 有一位英雄,镇守襄阳,奋不顾身,力抗蒙古,保境安民。这算不算<u>大英雄</u>?(《神雕侠侣》)

(2) 他早就听说过这位闻名的大数学家。怀着年轻人会见<u>大人物</u>那种惴惴不安的心情,他走近冯·诺依曼作自我介绍。[1]

---

① 本章出现的例句,如无特别说明,均来自北大 CCL 语料库。

　　形容词"大"修饰"房子、车子"这类名词时,表示 NP 所指对象的物理延展度的"大"(吕叔湘 1999:139)。但是例(1)和(2)中的"大英雄"和"大人物"都和 NP 所指对象的物理属性(physical properties)无关,而和(抽象)的程度有关。(1)中的"大英雄"表示某人的英勇的行为很深,"大"表示程度之"大";(2)中的"大人物"表示某人的名气和影响力很大。例(1)和(2)有不同的语义表现。"大英雄"一般不和"小英雄"构成对称的反义对:"小英雄"一般表示年龄小、个子小。反之,"小人物"则和"大人物"相对,表示某人的名气、重要性、影响力很小(微不足道)。类似"大人物"这样的结构还有"大教授、大处长、大事故、大灾难"等,这些结构都有对称的反义形式("小教授、小处长、小事故、小灾难"等)。

　　本章主要讨论以下几个问题:(a)这两类名词和其他的普通名词(如"房子、桌子、老师、学校"等)相比,在语义上有何差异? (b)这两类名词都有程度解读,它们在语义上有什么相通之处? 又有什么差异? (c)例(1—2)所示的现象体现了何种语义机制? 本章的研究将表明,就像形容词可以分为等级形容词和非等级形容词一样,名词也可以分为等级名词和非等级名词;同时,等级名词内部还可以进行区分:有些名词所表示的维度较为单一,其词汇语义提供了构建相应的量级结构所需要的维度,具有最小标准(minimum standard),而另一些名词,构建相应的量级结构所需要的维度通常由语境(语用)因素而非词汇语义提供,并且不要求满足最小标准。这两类名词被形容词"大—小"修饰时,具有不同的语义表现:前者具有"大—小"不对称性,而后者则没有。把"等级性"的概念引入名词领域,不但能对一些特殊的"大+NP"结构做出更深刻的说明,还能加深我们对自然语言中和等级性有关的现象的语义本质的认识。

9.2　两类不同的"大＋NP"结构

前文提到的两类"大＋NP"结构可以通过是否会导致"大—小"不对称性来区分。自然语言中绝大多数的形容词都是以互为反义对的形式出现,如"大—小、高—矮、美—丑"等。这一反义对称性可以用非相容性蕴含来刻画:

(3) 互为反义对的形容词 F,G:F 非相容性蕴含 G 当且仅当:F $\Leftrightarrow \neg$G。

比如"南京大"蕴含"南京不小","南京小"蕴含"南京不大"。吕叔湘(2008)曾经观察到许多违反这一对称性的现象,其中就有"大"和"小"之间的不对称。吕先生注意到,"虽然世间万物一般来说有'大'必有'小',但是不少名词是只有'大'没有'小'的,或者说'大'、'小'不再构成反义对"(p. 142)。Xie(2014)和罗琼鹏(2016b)都观察到了下列名词都会导致"大—小"不对称性:

(4) a. 大美女、大好人、大吃货、大丈夫、大玩家、大天才、大怪胎、大酒鬼

　　b. 小美女、小好人、小吃货、小丈夫、小玩家、小天才、小怪胎、小酒鬼

(5) a. 王祖贤是经典<u>大美女</u>中老得最快的一个,脸上的肉松弛得厉害,还经常被狗仔队拍到暴肥的照片。

　　b. 小维多利没有来领奖,她正在幼儿园里和小朋友们

一起玩耍。实际上这位金发<u>小美女</u>还不明白自己
为什么会得奖,她只不过演了一部名为《波耐特》的
影片。

例(5a)中"大美女"和(5b)中的"小美女"不构成对称的反义对。王祖贤是中国几代人曾经的偶像,(5a)中的"大"表示王祖贤美貌的程度很高;由上下文可知,(5b)中的"小美女"并不是表示小维多利美貌的程度不高,而是表示她的年纪小,具有昵称的含义。同理,"大傻瓜"指某人"傻"的程度很"大",和该人的实际尺寸或者年龄无关,而"小傻瓜"则指某人的个子或者年龄很小。例(6)是从北京大学 CCL 语料库检索到的"大烟鬼"和"小烟鬼"的例子。上下文提供的信息表明,(6a)中的"[大[烟鬼]]"表示某人的烟瘾很大,而(6b)中的"小烟鬼"表示实验鼠的尺寸小:

> (6) a. 路途上,这支队伍越来越庞大,输了钱的赌博汉,烟瘾发了的<u>大烟鬼</u>,难民乞丐,都加入进去了。
> b. 研究人员还发现,尚未成年就对烟碱上瘾的实验鼠体内某些基因已发生变异。这种改变可能是促使这些"<u>小烟鬼</u>"对烟碱格外感兴趣的原因所在。

Xie(2014)和罗琼鹏(2016b)在程度语义学的框架内对上述现象进行了考察,提出这类名词的语义和程度有关,其词汇语义中包含程度论元。然而,他们的分析并不能完全概括例(2)的情况,因为这类"大+NP"结构不会导致"大—小"不对称性。类似(2)的现象还有很多,如"大教授、大处长、大事故、大灾难、大学者"等。如例(7a)中

的"大教授"表示某位教授的影响力、权威性、重要性很大；(7b)中的
"大处长"表示处长所在位置的重要性很高：

> (7) a. 以实用科技图书为主、以后勤基层单位和广大农村
>   为市场，组织<u>大教授</u>编写小册子，让农民看得懂、用
>   得上、买得起、读得完。
>   b. 女教导员道："全营有几个女干部，你这个<u>大处长</u>不
>   会不知道。"

　　和"大人物"相对称，"小人物"表示重要性、影响力等很低（微不
足道）。请看例(8)：

> (8) 李小龙的电影对观众，尤其是对热爱武术与渴望强大
> 的观众极具诱惑力，很容易产生共鸣。正是这些<u>小人物</u>的命
> 运，牵动着每一个观众的心，也正是这一个个平凡<u>小人物</u>的进
> 取和成功，感染着观众。

　　根据是否表现出"大—小"（不）对称性，上述具有程度差异的名
词可以初步分为两种类型，如表9-1所示：

表 9-1　程度与名词的类型

	具有程度差异	被"大—小"修饰时具有对称性	例子
Type-Ⅰ（类型Ⅰ）	✓	✗	美女、天才、玩家、英雄、好人等
Type-Ⅱ（类型Ⅱ）	✓	✓	人物、教授、学者、事故、灾难等

本章拟在 Xie(2014)和罗琼鹏(2016b)研究的基础上,对名词领域的等级性做更全面的考察,并探索名词领域的等级性和形容词领域的等级性是否具有跨范畴的平行性。在当前的语义学研究中,"程度差异"现象一般通过量级(scale)的概念进行刻画。下一小节简单介绍等级性(程度差异)如何通过引入"量级"来进行处理。

9.3　等级性与量级

所谓程度差异,是指表达式的真值不能确定。自然语言中很多表达式的真值意义的确定都需要依赖于某一比较标准或者比较类别。这一现象叫作等级性。假如张三有一千万资产,"张三富"是为真还是为假? 我们不能确定。对这个命题的真值意义的确定需要把张三的资产和某一标准比较才能进行。很明显,因为涉及不同的比较标准,下面的句子(9)并不矛盾:

(9) 合肥的张三有一千万资产,很富;贵州仡佬山仡佬村的王五有一百万资产,也很富。

上述句子可以接受是因为"张三的资产"和"仡佬山王五"有不同的比较标准。比较标准不同,真值意义不同。根据是否具有等级性,形容词可以分为等级性形容词和非等级性形容词。它们之间的区别可以通过一定的语法手段来甄别。一般来说,等级性的形容词可以有比较形式,可以被其他的程度副词修饰,可以构成相应的感叹句式,可以进入"越来越 A"的结构等。以等级性形容词"漂亮"和非等级性形容词"未婚"的对立为例(下面的例子来自罗琼鹏 2015,

2016a）：

（10）a. 张三比李四漂亮。b. *张三比李四未婚。

（11）a. 张三｛相当／极端／比较／非常／很｝漂亮。

　　　b. *张三｛相当／极端／比较／非常／很｝未婚。

（12）a. 张三好漂亮啊！b. *张三好未婚啊！

（13）a. 张三越来越漂亮了。b. *张三越来越未婚了。

近几年来，语义学领域的一个重要进展是程度语义学的兴起和发展。和传统的语义理论不同，程度语义学把"程度"作为语义要素引入了语义表达体系，并主张自然语言的等级性和某种性质的量级结构相关，比如（14）就是一个典型的量级（见 Cresswell 1976；Kennedy 1999，2001，2007；Kennedy & McNally 2005；Morzycki 2016等）：

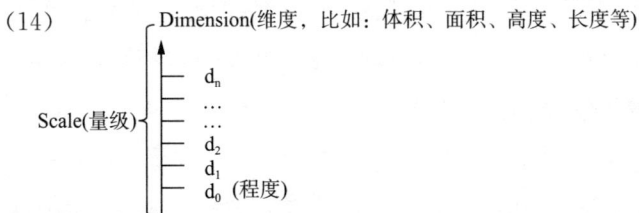

（14）

$$
\begin{array}{l}
\text{Dimension(维度，比如：体积、面积、高度、长度等)}\\
\text{Scale(量级)}\left\{
\begin{array}{l}
d_n\\
\cdots\\
\cdots\\
d_2\\
d_1\\
d_0\ (程度)
\end{array}
\right.
\end{array}
$$

所谓量级，就是在一定维度上的程度的集合（D）跟程度之间的偏序关系所组成的三元结构（即 $S = <D, Dim, <>$）。简单来说，程度（d_0，…，d_n）可以被理解为一定维度上的不同的刻度，量级可以理解为一把用于测量的尺子。程度之间满足严格偏序关系，即 $d_1 < d_2 < \cdots < d_n$。

严格偏序关系要满足传递性(transitive)、非对称性(asymmetric)、反自反性(irreflexive)。这些属性的定义如(15)所示:

> (15) a. 传递性:$\forall d, d', d''(d < d' \wedge d' < d'' \rightarrow d < d'')$(任意的 d, d', d'':如果 d<d' 并且 d' <d'',则 d<d');
>
> b. 非对称性:$\forall d, d'(d < d' \rightarrow d' \not< d)$(任意的 d, d':如果 d<d',则 d'≮d);
>
> c. 自反性:$\forall d(d \not< d)$(任意的 d:d≮d)。

确定量级结构,首先要确定相应的维度。维度是事物的某种属性(如"高度、重量、颜值"等),只有满足偏序关系(<)定义的维度才能构建相应的量级。在程度语义学中,等级形容词和非等级形容词在词汇语义上的根本差别是:前者的语义中带有程度论元,后者则没有。程度语义学还认为,等级形容词表示从个体到某一量级上的程度的二元关系,如"漂亮"是从个体到颜值量级上的程度的二元关系,"高"是从个体到高度量级上的程度的二元关系,等等。"高"的语义可以表示为(16)[d 和 x 分别表示程度论元和个体论元,莱姆达算子(λ)表示论元引入]:

> (16) [[高]]= λdλx. 高(x)≥d(个体 x 到高度量级上的程度 d 的二元关系)

形容词依据某一维度(如"高度、颜值、重量、宽度"等)引导特定的量级结构。Kennedy & McNally(2005)和 Kennedy(2007)等进一步指出,依据形容词所引导的量级结构的不同,等级形容词还可以进行更精微的分类：有的形容词引导的量级结构具有上限（最大标准），有的具有下限（最小标准），有的既没有上限，也没有下限。具有最小（最大）标准的叫绝对（等级）形容词，后者叫相对（等级）形容词。不同的形容词和副词有不同的选择限制。一般来说，具有上限的形容词可以被"completely、totally、almost"等修饰。"safe"具有上限而没有下限，可以被"completely"修饰；"dangerous"只有下限而没有上限，可以被"slightly"修饰，但是不能被"completely"修饰；"tall"既没有上限也没有下限，因而不能被"completely"和"slightly"修饰：

(17) a. The situation is complete safe/*completely danger-ous.

b. The situation is slightly dangerous/*slightly safe.

c. *Clyde is slightly/completely tall.

绝对形容词和相对形容词还具有不同的语义蕴含关系。Kennedy（2007）和 Rett（2008）等观察到，具有最小标准的形容词在比较结构中（同比句和比较句）一般蕴含相应的无标记的形式，而相对形容词则没有这种蕴含关系。请看(18—19)：

(18) a. John is as tall as Bill. $\nRightarrow$ John is tall.

b. John is taller than Bill. $\nRightarrow$ John is tall.

(19) a. John is as stupid as Bill. $\Rightarrow$ John is stupid.

b. John is stupider than Bill. $\Rightarrow$ John is stupid.

Kennedy 认为，造成(18—19)对立的根本原因在于，绝对形容词

（如"stupid"）具有最小标准，也就是说，必须要满足一定的标准才能称之为"蠢"。这一意义源于"stupid"的词汇语义。而"tall"这样的相对形容词没有最小标准，因而不会导致类似(20)的蕴涵关系。

罗琼鹏(2016a)以"真、假"和其他等级形容词（如"高、矮、美、丑"）的对立为切入点，从量级结构的角度考察了汉语等级形容词内部的分类问题。这些关于量级和等级形容词的研究为深刻考察汉语中具有程度差异的名词的语义提供了启发。在下面的小节中，我们将提出，从是否具有最小标准这一思路出发，可以对等级名词内部做出更精微的分类，从而对汉语名词的等级性现象做出更为全面的分析。

9.4　名词的等级性

结合前文对等级形容词的讨论，"类型 I"名词和"类型 II"名词都具有等级性，譬如它们都可以进入比较结构，有比较级和最高级用法：

> (20) a. 侠之大者，为国为民。在武侠史上，很难找到比郭靖<u>更大</u>的英雄了。
>
> 　　 b. 就学术影响力来说，比张教授<u>更大</u>的教授不多了。
>
> (21) a. "爱疯"(iPhone)<u>最大</u>的爱好者就是年轻人了！〔Xie 2014：例(39)〕
>
> 　　 b. 在这个领域，张教授可能是<u>最大</u>的教授了！

(20—21)中的"大"都不修饰 NP 所指对象的物理属性（个子、身

材等),而是表示程度深。等级形容词的语义都和特定的量级结构
有关。等级名词的语义也和特定维度上的某一量级结构相关。要
对名词领域的等级性有更全面的把握,还需要先回答两个问题:(a)
表 9 - 1 中的两类名词和其他普通名词(如"桌子、城市、老师、房子"
等)在语义上有何差异? (b)表 9 - 1 中的两类名词内部有何差异?

　　先来考察第一个问题。Morzycki(2009)曾考察了第一类名词
("类型 I"名词),认为这样的名词和其他名词在词汇语义层面上有
系统的差异。"idiot"类名词一般具有一个显著的或者单一的能构建
量级结构的维度,如:"idiot"和愚蠢有关,"smoker"和抽烟的频率有
关,"goat cheese enthusiast"和对"goat cheese"的热情有关,等等。de
Vries(2010)补充了这一观察。她认为虽然 Morzycki 的观点整体上
是对的,但是并不充分,有的时候需要考虑到语境/语用的因素。比
如"nerd(呆子)"的判定标准(书呆子,爱情呆子,金钱呆子,……)一
般由语境提供。

　　仔细比较"笨蛋"类名词和"房子、桌子、老师、学校"等普通名
词,可以发现前者在语义上具有分级性(graded)。"美女"表示漂亮
的程度,"粉丝"表示粉的程度,"英雄"表示英勇的程度,"丈夫"表示
高尚的程度,等等。这些维度都能构建相应的量级结构。相比之
下,"房子、桌子、老师、学校"这类名词的语义有明确的界限,并且缺
乏显著的维度。对这类名词的意义的界定只有"是"或者"不是":一
样事物是否属于房子、桌子或者学校,可以很容易地界定。而对于
"美女、粉丝、好人"这类名词而言,其意义的界定更多地依赖于说话
人的主观评价和其所处的特定的时空与历史环境,以及一定的比较
标准。这一词汇语义特性也反映在一系列相关的结构中。

　　首先,大部分像"笨蛋"这样的名词可以出现在感叹句并用主观

评价副词"真"来修饰。在缺乏特定的语境支持的情况下，(22)中的例子都不是很自然（缺少和程度相关的解读）；相比之下，(23)中的例子的自然度和可接受度则高很多：

(22) a. ％这真是张桌子！

b. ％这真是个学校！

c. ％你真是个老师！

(23) a. 杨幂真是个美女！

b. 居委会的刘大妈真是个好人！

c. 关云长真是个英雄！

其次，因为分级性的存在，人们可以把相关的多个个体，依据某一维度（属性）进行排序。典型的例子是对"英雄"的排序：人们对英雄的理解是有等级的——有的英雄比别的英雄更加英勇，是"更大的英雄"。如水浒里的一百单八将座次的排名，就反映了我们对"英雄"的语义理解是依赖分级来进行的。

然而，上述"笨蛋"类名词的语义特征并不能概括另外一类同样具有程度解读的名词。一位审稿人曾指出，"大学者、大教授"都具有和程度有关的语义，但是"学者、教授"的维度和判定标准并不单一（教授相关的维度可以是职业，身份，或者知识等）。[①] 同时，和第一类名词不同，"教授、处长、学者、人物"这类名词进入表示说话人主观评价的感叹句要受到一定的限制，如(24)所示：

---

① Morzycki 用"the big political figures of the 20th century"来说明这类结构的语义解读和"significance"有关，但并没有提供进一步的说明（I have no theory to offer of these readings）(p. 184)。

(24) a. ％这真是个教授！

b. ％这真是个处长！

c. ％你真是个学者！

对第二个问题的回答，即等级名词内部的差异问题，需要从两个方面入手。首先，构建相应的量级的维度的来源（标示）方式不同。对"类型 I"名词而言，它们所引导的量级都和自身的词汇语义相关。这类名词的维度和它们的词汇语义有紧密的联系，如：笨蛋—笨，英雄—英勇，酒鬼—喝酒的频率高，等等。这一类量级由自身的词汇语义提供的名词可以称之为"词汇标记量级"（lexically-specified scales）。与之相对，像"教授、学者、处长"这样的"类型 II"名词，虽然大部分都和某一等级序列相联系（科长—处长—司长；讲师—副教授—教授），它们所关联的维度和词汇语义并没有直接的关联，而是由相应名词在一定的等级序列中的位置所提供。它们引导何种维度上的量级，一般由语境（语用）因素和人们的百科知识决定。① 比如"教授"的本义是在高等学校从事专门知识的教学和研究的人士，但是在特定的语境下，可以和权威性、重要性、影响力（相比于非专业人士）等相关。权威性、重要性、影响力满足前述关于量级结构的偏序关系（$<$）的定义。人们习惯认为教授的权威性比副教授高，副教授的权威性比讲师高，讲师的权威性比非专业人士高（非专业人士$<$讲师$<$副教授$<$教授），因而也可以构成相应的

---

① 这一区分借鉴了 Morzycki（2012）中的相关表述。Morzycki 并不认为（英语）等级名词存在和等级形容词类似的分类。这是本章和他的最大的区别。

量级结构,(间接地)赋予了相应的名词和程度有关的语义。同理,"处长"的本义是表示某种行政级别。与"处长"在行政级别中的位置相对应的维度有"重要性、权威性"等,后者满足偏序关系(<)的定义(办事员<科长<处长<司长)。到底是什么维度被激活,一般由语境决定。比如在贵州偏僻的县城里,北京来的处长可以称之为"大处长",但是在北京的部委机关中,"处长"仅仅是个比较低级的职务而已。这一类名词和人们的世界知识相关的量级可以称之为"语用标记量级"。

　　和维度与量级结构的标记方式相关,这两类名词的语义还存在另一个差异:是否要求满足最小标准。某个个体是否是"笨蛋",要求"笨"的程度满足某一标准(比如 IQ 低于 75 或者 72)。电影《阿甘正传》中的主角阿甘的智商低于 75,从小到大都被视为"笨蛋"。人类历史上从事科学研究的人如恒河沙数,但是公认的天才却很有限。因为要成为"天才",必须满足一定的标准。说爱因斯坦是天才不会有什么争议,但是说某某不知名学院某某老师突然做出了诺贝尔奖级的成就,恐怕要引起公众强烈的好奇。同理,酒鬼之所以成为酒鬼,是因为酗酒的程度超过了一定的标准。反之,"教授、学者、人物"和程度有关的解读间接来自它们在特定语境中所激活的维度,并不需要满足最小标准(比如"事故"只要满足任意非零的损失即可成为事故,没有最小标准)。因为第二类名词的所指仅要求满足相应的词汇语义的定义即可确定,所以,它们一般不能出现在表示说话人主观评价的感叹句中。与普通的名词(如"房子、车子、城市"等)比较,名词之间的差异如表 9-2 所示:

表 9 - 2　名词的(非)等级性

类型		具有分级性	具有某个显著维度	量级由词汇语义标记	满足最小标准
等级名词	Type-Ⅰ(类型Ⅰ)	✓	✓	✓	✓
	Type-Ⅱ(类型Ⅱ)	✓	✗	✗	✗
非等级名词("房子、车子"等)		✗	✗	✗	✗

　　上述讨论为揭示等级名词不同的语义表现提供了新思路。"类型Ⅰ"名词的词汇语义标示相应的量级结构,并且要求满足最小标准。我们把形容词的语义视为从个体到量级结构(=抽象的测量)的函数(见 Kennedy & McNally 2005),"类型Ⅰ"名词的语义可以表示如(25)(μ:测量函数;S:量级;**MIN**:最小化算子):[①]

$$(25)\ a.\ [[\ 美女\ ]] = \lambda x.\ \mu_{颜值}(x) \geqslant \mathbf{MIN}(S_{美女})$$

$$b.\ [[\ 丈夫\ ]] = \lambda x.\ \mu_{高尚}(x) \geqslant \mathbf{MIN}(S_{丈夫})$$

$$c.\ [[\ 天才\ ]] = \lambda x.\ \mu_{智商}(x) \geqslant \mathbf{MIN}(S_{天才})$$

(25a)中的 **MIN(S)** 表示某一量级 S 上的最小标准,"$\mu_{颜值}(x) \geqslant \mathbf{MIN}(S_{美女})$"表示 x 具有的颜值的程度满足这一标准,(25b)表示要满足成为丈夫的(最小)标准,(25c)表示要满足成为天才的(最小)标准。

　　"类型Ⅱ"名词所引导的量级结构来源于特定的语境,并且不需要满足最小标准。用下标"c"表示语境,"D"表示维度($D_c = \langle$ 重要

①　关于"美女、笨蛋"类名词的句法和语义的详细讨论,请参见罗琼鹏(2016b:51),限于篇幅,此处不详细述说。为提高文章的可读性,本章对形式化细节做了简化处理。对形式语义技术细节不感兴趣的读者可以直接略过这一小节。

性,社会地位,权威性,…}),这类名词的语义如(26)所示:

(26) a. $[[\text{人物}]] = \lambda x.\ \textbf{人物}(x)\ \&\ \mu(D_c)(x)$

    b. $[[\text{教授}]] = \lambda x.\ \textbf{教授}(x)\ \&\ \mu(D_c)(x)$

    c. $[[\text{处长}]] = \lambda x.\ \textbf{处长}(x)\ \&\ \mu(D_c)(x)$

关于"大"的词汇语义,我们假设其语义中包含一个测量函数 μ。这个测量函数的主要语义贡献是对某一量级上的程度进行测量,测量得到的结果要满足某一语境所决定的"大"的标准(用 $\textbf{stnd}_c([[\textbf{大}]])$ 表示)。这一词汇语义如(27)所示:

(27) $[[\text{大}]] = \lambda f\lambda x.\ f(x) \wedge \exists D[D \in \textbf{dimension}(f) \wedge \mu(D)(x) \geqslant \textbf{stnd}_c([[\textbf{大}]])]$

类似"大美女"这样的结构的语义运算如(28)所示:

(28) 大美女:$[_{\text{DegNP}}[_{\text{DegN}}\text{大}\ [_{\text{NP}}\text{美女}]]]$

(29) $[[\text{大美女}]] = [[\text{大}]]([[\text{美女}]])$

    $= \lambda f\lambda x.\ f(x) \wedge \exists D[D \in \textbf{dimension}(f) \wedge \mu(D)(x) \geqslant$
    $\textbf{stnd}_c([[\textbf{大}]])](\lambda x.\ \mu_{颜值}(x) \geqslant \textbf{MIN}(S_{美女}))$

    $= \lambda x.\textbf{美女}(x) \wedge \mu_{颜值}(x) \geqslant \textbf{MIN}(S_{美女}) \wedge \exists D[D \in \textbf{di-}$
    $\textbf{mension}(\textbf{美女}) \wedge \mu(D)(x) \geqslant \textbf{stnd}_c([[\textbf{大}]])]$

表达式(29)的语义包含两个部分:前一部分表示的是个体 x 具有的颜值的程度要满足成为美女的最小标准,后一部分表示的是 x 具有的美的程度要满足某一语境决定的"大"的标准。这一语义表达很直观地刻画了"大美女"的语义（x 是美女，而且 x 美的程度很高）。"大英雄、大粉丝、大天才、大白痴"的语义运算都可以依此类推。

关于"类型Ⅱ"名词，以"大人物"为例，其语义推导如（30）所示：

(30) $[[\,大\,]]\,([[\,人物\,]])$

$=\lambda f \lambda x.\ f(x) \wedge \exists D[\ D \in \mathbf{dimension}\,(f)\,\wedge \mu(D)(x) \geqslant$

$\mathbf{stnd}_c([[\,大\,]]\,)]\,(\lambda x.\,人物\,(x) \& _\mu(D_c)(x))$

$=\lambda x.\,人物\,(x) \wedge \exists D[D \in \mathbf{dimension}\,(人物)\,\wedge \mu(D_c)(x)$

$\geqslant \mathbf{stnd}_c([[\,大\,]]\,)]$

假设"人物"的维度是重要性（$\mathbf{dimension}\,(人物) = \{重要性\}$），则"大人物"说的某人具有的重要性的程度满足某一语境决定的"大"的标准。这一表达式很直观地刻画了"大人物"的语义。

这一语义分析最大的优势是能直观解释为什么第一类（"类型Ⅰ"）等级名词具有"大—小"不对称性，而第二类（"类型Ⅱ"）等级名词则没有。假设"小"的词汇语义如（31）所示，"小美女"和"小人物"的语义分别如（32a）和（32b）所示：

(31) a. $[[\,小\,]] = \lambda f \lambda x.\ f(x) \wedge \exists D[D \in \mathbf{dimension}\,(f)\,\wedge \mu$

$(D)(x) \geqslant \mathbf{stnd}_c([[\,小\,]]\,)]$

(32) a. $[[\,小美女\,]] = \lambda x.\,美女\,(x) \wedge \mu_{颜值}(x) \geqslant \mathbf{MIN}(S_{美女})$

$\wedge \exists D[D \in \mathbf{dimension}\,(美女)\,\wedge \mu(D)(x) \geqslant \mathbf{stnd}_c([[$

$小\,]]\,)]$

b. $[[\,小人物\,]] = \lambda x.\,人物\,(x) \wedge \exists D[D \in \mathbf{dimension}$

$(人物)\,\wedge \mu(D)(x) \geqslant \mathbf{stnd}_c([[\,小\,]]\,)]$

表达式(32a)的语义包含两个部分：前面部分要求个体 x 具有的颜值的程度满足成为美女的最小标准；后面部分则要求 x 的美的程度要满足语境决定的"小"的标准。因为单调性推理的存在（如果某人的颜值程度 6 分是丑的，那么 5 分也是丑的，4 分也是丑的，依此类推），"小"可以无限小，当"小"的值趋向于零或者等于零的时候（$\mathbf{stnd}_c([[\ 小\ ]] \geqslant 0)$，任意的 x 都可能满足第二个条件而成为美女，但是这会与前面部分的语义相冲突。这一语义冲突使得"小"在这里成了冗余成分，语义上没有贡献。这一语义运算机制的存在，排除了表达式"小美女"中"小"和程度有关的那部分语义。这一排除机制导致的结果是"小"不再表示颜值的程度，而是"美女"所指个体的年龄、体型等其他属性。表达式(32b)则仅仅表示某人具有的相关属性（如重要性）满足语境决定的"小"的标准，前后两部分的语义并不冲突，"小"具有实在的贡献。这一语义机制导致的结果是第一类等级名词具有"大-小"不对称性，第二类则没有。下面例子中的"小＋NP"都没有程度深的语义，仅指 NP 所指对象的个子、年龄小等：

> (33) a. 你知道有多少像你这样的 <u>小笨蛋</u>孩子有这样的好朋友，啊？［年龄小］
>
> b. 她哭了起来，哭得像个<u>小傻瓜</u>。［昵称/小称"小"］
>
> c. 有一首这样的苏格兰民间小调："一位美丽的姑娘，嫁给了一个<u>小丈夫</u>，这一年他才 16 岁；第二年他 17 岁，做了孩子的爸爸。"［年龄小］

9.5 结语

对形容词领域的等级性做出可以归结到真值条件、并用逻辑式表达的形式化探索，是当前语义研究中的热门课题之一。然而，除了形容词具有等级性之外，是否名词和动词也具有等级性呢？这一直是一个开放的问题。[①] 本章通过考察汉语中两类都具有程度解读但是内部存在差异的名词的语义，对这一问题给出了肯定的答复。就像依据量级结构的不同，等级形容词可以进行更精微的分类一样，具有程度差异的等级名词也可以分为不同的小类：一类等级名词通过词汇语义标记相应的量级结构，且要求满足最小标准；另一类名词引导何种维度上的量级结构由人们的世界知识及语用（语境）决定，并不要求满足最小标准。前者会导致"大—小"不对称性，后者则不会。这一新的分析可以对一些文献中缺乏充分讨论的现象做出更好的处理，同时也力证了形容词和名词领域的等级性具有跨范畴的平行性。

（本章发表于《语言学研究》第 21 辑）

---

① 对相关问题的探索，最早可以追溯到 Sapir(1944)。

第10章 等级性、量级与"很十名词"结构的语义分析

10.1 引言

有些名词可以被以"很"为代表的程度副词直接修饰,如"很女人"。这类语法现象在学界已经引起了广泛的关注。虽然在讨论此类现象的初期,有学者对这种副名组合持有怀疑态度(如丁声树等1961;邢福义1962等),但随着越来越多的名词能够进入"很十名词"组合中,该现象逐渐得到学界的认可,如黄伯荣、廖旭东(2002:12)就把"很淑女、很绅士"这类副词修饰名词的现象列为部分名词的语法特征之一①。"很十名词"现象已成为汉语语言学中的新热点(朱德熙1980;方华1986;吕叔湘1989;于根元1991;胡明扬1992;张国安1995;桂诗春1995;邢福义1997;原新梅1997;谭景春1998;杨永林2000;施春宏2001;王巍2002;任芝瑛2003;邵敬敏、吴立红2005;宋培杰2008;唐秀伟2010;等等)。相关研究大大加深了我们对这

---

① 本章用"很十名词"而不是"很十NP"纯粹为了方便说明,不代表我们对"很"后成分的词性有所预设。另外,能修饰名词的程度副词不仅限于"很",其他程度副词,如"最"也能在有限的情况下修饰名词,如"最杭州"(网络语料,通过百度搜索得到)等。限于篇幅,本章只讨论"很"的情况,但本章对"很"的分析,也能应用于其他副名组合结构。

类现象的认识。但纵览文献,有几个问题仍然有待深入:

首先,名词能被"很"修饰的语义基础是什么? 不同学者从不同角度对这一问题进行了探讨(详见第 2 节的讨论),但目前尚未得出共识性的结论。说明这一问题仍有讨论的空间。

其次,为什么不同名词被"很"修饰的能力不同? 前人研究早已指出,不同名词和"很"结合的能力是有差异的(张谊生 1996;谭景春1998;施春宏 2001 等),如例(1)。名词划分次范畴的语义理据是什么?

(1) 很淑女、很传统｜?? 很肺炎、?? 很病毒、?? 很鸟｜* 很东西、* 很生物、* 很动物

再次,名词和形容词在语义上的重合与差异是什么? 现代汉语中名词和形容词是两个截然不同但又存在一定交集的范畴。相当数量的性质形容词可以在无须任何标记的情况下出现在主宾语位置充当名词(见龙果夫 1958:156;刘月华等 2004:200;张斌等 2010:129—130;等等),比如:"骄傲是不好的、我讨厌他的骄傲"等。跟形名转换具有广泛的普遍性不同,名词充当形容词要受到更多的限制。虽然部分名词可以像形容词一样被"很"修饰,但并不表示这些名词已经完全转化成了形容词。除了被程度副词修饰外,具有等级性的形容词还呈现出一系列的形态句法特征,如:可以进入比较句,部分形容词的比较形式允许差项出现,可以和测量短语共现,可以进入程度问句,等等,如例(2)。能被"很"修饰的名词可以进入比较句,但一般不能进入程度问句,不能进入差项比较句,不能和测量短语共现,如(3):

（2）小张很高。|小张多高？|小张比小李高三厘米。|小张两米高。

（3）小张很绅士。|??小张多绅士？|*小张比小李绅士三分。|*小张三分绅士。

那么，如何解释形名转换与名形转换之间的不对称性？

本章尝试对上述问题做出初步回应。本章认为，名词能被"很"修饰是因为名词具有等级性。名词的等级性源于名词的范畴化机制。名词的范畴化主要由各个维度（即语义特征）和原型的平均相似度确定。依据名词的维度和相似度的计算方式，名词可以分出两个次类范畴：一类名词各个维度之间的算法基于加权和（weighted sum），而另一类名词各个维度之间的算法基于加权积（weighted product）。基于加权和的概念结构更容易受到量级压制，呈现出某种类形容词的特征，因此更容易与"很"组合。虽然名词和形容词的语义都可以被理解为某种量级结构，但它们对应于不同的测量尺度（levels of measurement）和测量量级：和名词有关的测量尺度为定序测量，对应于定序量级（ordinal scale），仅表示不同个体在某一维度上的先后顺序关系，不能精确表示个体的程度之差；和形容词有关的测量尺度为定差测量或定比测量，对应于定差量级（interval scale）或定比量级（ratio scale），既可以表示个体之间的先后顺序关系，还可以表示个体在某一维度上的程度之差。因而，相比于形容词，名词的等级性用法要受到更多的限制。这一思路，既为在名词内部划分不同的次范畴提供了更具原则性的语义理据，也能更深刻的说明形名转换和名形转换之间的不对称性。

10.2 前人研究

学界对"很＋名词"结构（或"副名组合"）已有很丰富的研究。总体来说，大致有四种思路。

（一）"动词省略说"，即认为动词的省略导致了副名组合，而省略的动词一般是"是、有"等（朱德熙 1980；于根元 1991；张国安 1995等）。其问题在于：首先，承认动词省略句也就意味着同时要否定名词谓语句的存在，这与语法事实不符；其次，该分析也无法解释为何有些"很＋名词"结构中无法补出动词，如（4）：

　　　（4）a. 很阿 Q/* 很有阿 Q/* 很是阿 Q/?? 很像阿 Q

　　　　　 b. 很四川/* 很有四川/* 很是四川/* 很像四川

（二）"词类活用说"，即认为名词与程度副词组合后，发生了词类转化或词类活用①。如方华（1986）认为副名组合中或者是副词转化成语气词、连接词，或者是名词转化为形容词。吕叔湘（1989）、邢福义（1997）等也认为，"很＋名词"是形容词性的说法，名词受"很"修饰属于词类活用现象。此类观点的问题在于："很＋名词"的能产性和普遍性显然超越了词类活用的范畴；并且也不能解释为什么有些名词可以被副词修饰，而有些名词则相对困难很多，比如"很电脑、很照片"的可接受度相比于"很中国、很淑女"要低很多。"词类活用说"也不能解释上述（2）和（3）的例子的对立。

---

①　关于"很＋名词"结构中名词的词类问题，有两种方案：一种是认为名词已经转化为形容词，另一种是把"很"分析为类型转换算子，整个"很＋名词"具有谓词性。

（三）"修辞说"，即从修辞用法的角度来分析副名组合的语言和文化背景，认为副名组合是一种具有突出修辞效果的语法变异。如桂诗春（1995）从使用语言的策略角度，认为副名组合是人们灵活使用语言规则的一种策略，是语言动态发展的表现。原新梅（1997）认为，副名组合的修辞效果是其被广泛使用的关键。邢福义（1997）强调"很淑女"这类说法的文化背景源于人们对物体属性的"异质感受"。不否定副名组合具有一定的修辞功能，但它还具有完备的语法功能，单用修辞说无法说明其语法机制。

（四）"语义特征说"，即运用语义特征分析法来进行解释。其中一类观点认为名词的语义特征是副名组合的基础，并且尝试在名词内部划分不同的次范畴。谭景春（1998）对不同名词在副名组合中出现的频率进行了排序，从强到弱依次为：抽象名词＞指人名词＞指物名词＞专有名词；并且将名词语义细分为概念义和性质义，认为名词的性质义越强，其转变换成形容词的可能性越大，越易受"很"修饰。施春宏（2001）把名词内部语义成分分为关涉性语义成分和描述性语义成分，认为具备强描述性语义的名词更容易与程度副词组合。此外，张谊生（1996）认为相当一部分名词及名词性短语的语义中包含着或蕴涵着一定幅度的量度义，量度义是程度副词和名词组合的语义基础。

另外一类观点主张副词在副名组合中发挥着重要作用。比如胡明扬（1992）认为"很"强制改变名词的功能和意义，使其具有形容词的功能和意义。储泽祥、刘街生（1997）认为副词对名词起着规约作用，可以强制凸显其细节。而邵敬敏、吴立红（2005）则综合了以上两种观点，认为副名组合是副词和名词双向选择的结果。

在对"很＋名词"结构的讨论中，语义特征分析法逐渐成为主要的分析方式。然而,学者们对影响该结构的语义特征的界定并没有统一的标准,名词次范畴的划分也因主要基于描写而缺乏更具原则性的语义理据。

综上,当前的研究从多个角度深化了对"很＋名词"结构的分析,但仍有进一步深化的空间。下文将引入程度和量级的视角,尝试为这一结构提供新的分析思路。

10.3　等级性、量级结构与"很"的语义要求

前人研究已经注意到名词的性质特征或量度特征使它们被程度副词修饰成为可能(张谊生 1996;谭景春 1998;施春宏 2001;等等)。名词的性质一般具有程度上的差异,即具有等级性。名词的"等级性"的来源是什么? 名词的等级性和形容词的等级性有何异同? 本章将借鉴当前程度语义学和认知心理学中关于范畴化的研究成果来考察上述问题。

等级性指的是个体具有的某种属性存在程度上的差异。为了更精确地刻画等级性的语义本质,当代语言学将"程度(degree)"作为语义要素引入到语义表达体系,发展出一套以"程度"概念为核心的语言学理论(见 Cresswell 1976;von Stechow 1984;Kennedy & McNally 2005 等)。程度指对个体属性的量的测量的抽象表达(abstract representation of measurement)(Kennedy & McNally 2005)。程度组成的集合构成一个量级。形象一点说,量级可以被视为一把尺子,而程度则对应于尺子上的刻度(罗琼鹏 2016,2018)。典型的量级结构如下图所示:

$$(5) \quad S \left\{ \begin{array}{l} d_n \\ \cdots \\ d_3 \\ d_2 \\ d_1 \\ d_0 \end{array} \right.$$

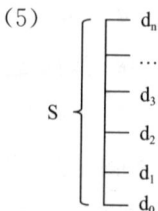

在传统语义学中,形容词表示个体的属性,如"高"表示具有高度属性的个体组成的集合;在程度语义学中,形容词携带程度论元,指称程度和个体之间的二元关系,如"高"表示个体高到一定的程度:

(6) 形容词语义的两种表达手段

　　a. 传统语义学:$[[\,高\,]] = \lambda x[\text{TALL}(x)]$

　　b. 程度语义学:$[[\,高\,]] = \lambda d\lambda x[\text{TALL}(x, d)]$

当程度副词修饰形容词时,它们最主要的语义贡献是对形容词所引导的量级上的程度值进行调节。如"小张很高","很"调节高度量级上的程度值,表示高度超过了特定语境中某一比较标准(默认情况下,这一比较标准为均值)。该标准随语境和比较类别而异。如果小张是普通人,那么小张身高180厘米可以被认为很高;如果小张是篮球队员,身高180显然不能被认为很高。

在"很+形容词"结构中,"很"对量级上程度值的调节是通过对形容词所指某种属性的平均标准值的扩充实现的。用例(7)来说明。

（7）a. 小张很高。

　　b. 小张不很高。

　　c. 小张不高。

上述例子的语义可以分别表示为(8)、(9)和(10)：

（8）高度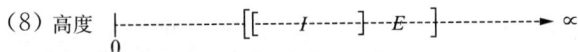

　　a. [*I*]：高度的平均区间

　　b. {*E*}："很"对高度平均区间的拓展

　　c. [[小张很高]]为真当且仅当：**高度（小张）**∈[max

　　（*E*）；∝]

（9）高度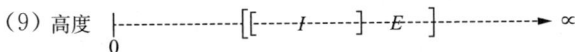

　　a. [*I*]：高度的平均区间

　　b. {*E*}："很"对高度平均区间的拓展

　　c. [[小张不很高]]为真当且仅当：**高度（小张）**∈[0；

　　max(*E*)]

（10）高度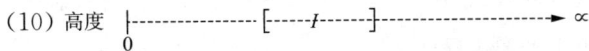

　　a. [*I*]：高度的平均区间

　　b. [[小张不高]]为真当且仅当：**高度（小张）**∈[0；

　　max(*I*)]

假设区间[170；179]厘米为普通人身高的平均区间。"很"的使用使得这个区间拓展为[170；185]，如图(8)所示。"小张很高"为真的条件是小张的高度至少达到了185厘米，即小张的高度属于[185；

∞]这个区间。"小张不很高"为真的条件是小张的高度位于[0；185]这个区间。"小张不高"为真的条件是小张的高度位于[0；170]这个区间。如(9)和(10)所示,这一语义准确预测到了"小张不高"和"小张不很高"之间的衍推关系:[[小张不高]]⊂[[小张不很高]] ,即"小张不高"的语义强于"小张不很高":前者为真,后者一定为真,反之不亦然。

像"高、矮、长、宽、重、轻"这样的形容词的维度(dimension)是单一的。所谓"维度",即事物属性的不同方面。如果把量级结构视为一把尺子,程度是尺子上的刻度,那么维度就是这把尺子所测量的不同对象。很多形容词都具有多个维度,在单一语境中同时表示个体在多个维度上的程度关系[①]。如:

(11) a. 你也许会遇到挫折、失败,所以不要过于乐观。

b. 他们的祖父年已八旬,由于是医生,身体依旧健康。

(11a)"乐观"可以表示在工作、学业、未来、局势等一系列维度上的乐观程度;(11b)的"健康"可以表示在血压、血糖、血脂、心率等多个维度上的健康程度。

和单维度形容词不同,多维度形容词的量级结构还涉及维度的数量计算。也就是说,只有当个体在足够多的维度上满足某一比较标准时,多维度形容词的真值才成立。比如"小张乐观"如果为真,小张必须在多个维度上达到乐观的标准。如果小张仅仅对事业乐观,对学业、未来等都抱有悲观的态度,那么"小张乐观"不为真。具

---

① 关于多维度形容词和单维度形容词的语义区分,见 Sassoon(2013)。

体而言,多维度形容词可以看作是由多个维度组成的集合,其中,每个维度表示个体从该维度到量级的程度关系。该集合的势(对元素数量的计数)构成了多维度形容词量级的程度。

当"很"与多维度形容词组合时,"很"既可以修饰程度,也可以修饰维度的数量。以"小张很成功"为例,"很"可以修饰特定维度上的程度,所以当小张在某个特定维度上成功的程度很高时,真值成立,比如可以说"小张在学业上很成功";另外,"很"还可以修饰维度的数量,所以当小张满足"成功"标准的维度远超过语境规定的数量时,真值也成立,比如可以是说"小张在很多方面都很成功"。

不管多维度形容词还是单维度形容词,"很"的核心语义要求保持不变:(a)对程度值平均区间的拓展;(b)x 具有的程度值满足某一比较标准。用 A 表示"很"后的成分,**stnd** 表示比较标准,"x 很 A"的语义如(12):

(12)"很 A"的语义要求:

(i) 当 A 为单维度(形容词)的时候,$[[$ x 很 A$]]$ 为真当且仅当:$\exists d[\mathbf{A}(d)(x) \wedge d \geqslant \mathbf{stnd}c(\mathbf{A})]$(x 在 A 相关的量级上具有程度 d 并且 d 满足某一语境中的比较标准),或

(ii) 当 A 为多维度(形容词)的时候,$[[$ x 很 A$]]$ 为真当且仅当:$\lambda n. \mid \{S_A : \exists d[S_A(d)(x) \wedge d \geqslant \mathbf{stnd}c(S_A)]\} \mid \geqslant n$(x 满足 A 相关量级上标准的数量大于某一比较标准 n)

换言之,"很"只有作用于某一量级结构的时候,其语义要求才

能得到满足。下一小节从名词的范畴化（categorization）出发，讨论名词是如何满足这一语义的。

10.4　名词的等级性和"很十名词"的语义分析

10.4.1　相似度与名词的范畴化

名词的语义和多维度形容词很相似，体现在要确定名词的范畴往往需要考察名词在多个维度上的特征。这一点在前人的研究中已经得到了充分的认识。储泽祥、刘街生（1997）把名词的意义分为本质义和（多重）细节，谭景春（1998）把名词的意义区分为概念义和性质义，施春宏（2001）把名词的语义成分区分为描述性语义成分和关涉性语义成分，都肯定名词的语义具有多维度性。《现代汉语词典》（第七版）中对名词的释义也承认了名词意义的多维性，如（13）：

(13) a.【桌子】家具，上有平面，下有支柱，在上面放东西或做事情

　　 b.【权威】❶使人信服的力量或威望；❷在某种范围里最有威望、地位的人或事物；❸具有使人信服的力量和威望。

以"桌子"为例，在地上平放一块木板，虽然可以置物，但不能称之为"桌子"；立一根圆木柱，上面也可以放物，但也不是桌子。"桌子"范畴的确定需要考虑多个维度上的语义内容。"权威"有使人信服、有威望、有力量、有地位等维度，单纯的具有"使人信服"特征，并不必然满足"权威"的语义要求。理想的"权威"应该同时满足（13b）

所列的多个维度上的语义内容。

　　判定某一个体是否属于名词所指的类由多个维度上的语义特征确定,这是名词和形容词在词汇概念结构上最根本的差异之一。Wittgenstein[1968(1953)]、Rosch(1973)、Fodor et al.（1980）等早已指出,和名词性概念相关联的维度意义（即语义特征）不具有定义性,即这些维度既不构成判定名词范畴的必要条件,也非充分条件。譬如,具有马的遗传基因通常被认为某类动物属于马的必要条件。但试验表明,具有斑马的遗传基因的动物,经过饮食和医学处理后,如果在外形和行为上与马相似,通常也会被认为属于马。同时,名词的维度也不构成确定范畴的充分条件。单身汉的典型特征是｛[＋未婚]、[＋成年男性]｝,教皇和男同性恋者都满足这些典型特征,但似乎不能据此认为教皇和男同性恋者都属于单身汉。与此同时,认知心理学的大量研究表明,在归类的过程中,名词的维度并非以独立的形式,而是通过和原型的平均相似度发挥作用（Rosch 1973；Rosch & Mervis 1975）[①]。人们将原型或典型细化为多个维度,逐一比较。比如,当判断某种生物是否属于鸟范畴时,人们通常会从飞行能力、繁殖方式、外形等一系列维度上逐一进行考量。名词的范畴化依赖个体与原型在多个维度上的平均相似度,单一维度上的相似度并不能作为判定名词范畴的充分条件。譬如人们不会因为一个动物头上有角就把它归为牛类。此外,名词不同维度的权重通常不同。对鸟进行判断时,是否具有飞行的能力以及繁殖方式比喙的形状更为重要。此外,相似度的标准由具体的语境确定。

---

　　① 原型论（prototype theory）是认知心理学中的重要理论,自从 Rosch(1973)提出至今,已经在学界产生了巨大的影响。关于原型论和名词范畴化较新的实证研究,可见 Hampton (1995,1998),Hampton et al. (2009)等。

名词的等级性来自名词（在各个维度上）和原型/典型的相似度。这一观点得到很多语言事实的支持。我们发现，上位范畴名词（superordinate nouns）如"东西、事件、动物、生物、交通工具、鱼类、植物"等，很难和"很"结合（"＊很东西、＊很动物、＊很生物"）。这是因为这些名词所指对象既没有原型也没有典型。很难说"东西"的原型（或典型）是什么，哪种动物更具原型性。和上位范畴名词相对，下位范畴名词的语义更具体，特征更明确，因而更容易构建原型（或典型）。

不同名词（各维度）和原型的相似度的计算方式不同。有些名词各个维度之间较为独立、交互性低，而有些名词各个维度之间交互性高、独立性低。前者倾向于表示人类社会生活或人类活动中的较为熟悉的概念，如"淑女、商业、学究、古典、传统"等。比如"传统"具有"世代相传、陈旧、保守、跟不上时代"等维度上的语义特征，但在实际中，往往只要满足其中一种维度，就可以认为满足"传统"的语义要求（谭景春 1998）。后者倾向于表示自然界中有形或无形的实体，或不为人们所熟悉的概念，如"乌鸦、鸵鸟、鸭嘴兽"等。比如"鸟"具有"有喙、卵生、会飞、有羽"等维度上的语义特征，在实际中，只满足其中某一种维度，不能就此认定满足"鸟"的语义要求。为方便说明，我们把前者记为 S—型名词（用 N_S 表示），后者记为 N—型名词（用 N_N 表示）。

这两类名词在概念结构上的差异也得到了认知心理学研究成果的佐证。表示自然界有形或无形实体的 N_N 型名词归类主要通过因果模型（causal model）进行（Wattenmaker 1995），如要判定某一生物是否属于鸭子主要是考察该生物是否具有**使得**其具有鸭子的外形和行为的本质特征。N_N 型名词不同维度之间关联度高、单一维度上程度变化对名词真值的影响大,名词间兼类少。比如:一般情况下,所有属于马范畴的动物都具有善于奔跑、四肢强健、尾有长毛等特点,一个无尾但善于奔跑、四肢强健的动物很难被归为马。此外,一个既具备马的特征(四肢长、善于奔跑)又具备牛的特征(头上有角、力气大)的动物,既不能被归为马也不能被归为牛。相比之下,表示人类社会活动和生活的 N_S 型名词不同维度之间较为独立,单一维度上程度变化对名词真值的影响小,名词间兼类多。对于一个既精通语言学又精通教育方法的学者来说,他可以同时属于教育家和语言学家这两个范畴。Hampton et al. (2009) 做了一系列试验。在一组试验中,受试被要求帮助科学家对既具有龙虾的特征又具有螃蟹的特征的生物进行分类。结果是这种生物是一种新的生物,既不是龙虾也不是螃蟹。在另一组试验中,受试被要求对既能用作围巾,又能用作领带的人造物进行分类,结果是这种东西既能被视为领带,又能被视为围巾。这两类名词的特征总结如下:

表 10-1 N_S 型和 N_N 型名词的语义特征

	允许兼类	维度意义独立	维度意义交互性强
N_S 型名词	＋	＋	－
N_N 型名词	－		＋

综上所述,可以认为,N_S 型名词的维度关系建立在加法相似性之上,而 N_N 型名词的维度关系建立在乘法相似性之上[又见 Sassoon (2013) 和 Sassoon & Fadlon(2017)中的相关讨论]。要对 N_S 进行归类,个体在多个维度上的加权和(weighted sum)必须满足语境标准;而要对 N_N 进行归类,个体在多个维度上的加权积(weighted product)必须满足语境标准。用 f 表示相似度,p 表示属性,x 表示个体,w 表示相关的可能世界,这两类计算方式如(14):

(14) a. 加法相似性（Additive similarity）：$f_p(x) = w_1 f_1(x) + \cdots + w_n f_n(x)$

   b. 乘法相似性（Multiplicative similarity）：$f_p(x) = w_1 f_1(x) \times \cdots \times w_n f_n(x)$

这一分析概括了不同名词概念含义的差异。以 N_S 型名词"绅士"和 N_N 型"鸟"为例来说明。假定每个维度上相似度的取值范围是 0 到 1（0 表示和原型完全不相同，1 表示和原型完全一样），"绅士"可以细分为言谈、举止、气质等维度，"鸟"可以细分为飞行能力、繁殖方式、体态等维度。一个在言谈、举止、气质等维度上都有很高的得分（1+1+1）而仅在穿着打扮上得分很低的个体（+0.3），仍然可以被归为绅士（1+1+1+0.3=3.3）。然而，一个会飞（+1）、有羽毛（+1）、非卵生（0）的个体显然不能被归为鸟（1×1×0=0）。

综上，因为不同名词的内涵不同，不同名词各维度和原型的相似度的计算方式不同。这一差异导致了不同名词和"很"结合的能力不同，结合后的语义解读方式不同。

10.4.2 "很+名词"在实际语料中的分布

本章分析为前人研究中的观察结论提供了理论上的支撑。谭景春（1998）、施春宏（2001）等都指出，名词能否与"很"结合，取决于名词的语义特征的特性。谭景春依据名词语义特征的不同，把名词分为抽象名词、指人名词、指物名词、专有名词四类，提出它们与"很"的结合能力存在强弱递减关系，施春宏等也得出了类似的结论：

(15) 名词与"很"的结合能力

a. 抽象名词＞指人名词＞指物名词＞专有名词(谭景春 1998:370)

b. 强描述性语义特征＞关涉性语义特征(施春宏 2001:212)

我们检索了北京语言大学 BCC 语料库,收集了高频的"很＋名词"结构 21000 余例,涉及名词 280 个。部分名词如下所示[选词以《现代汉语大词典》(第 7 版)为准,根据出现在"很＋名词"结构的频率从高到低顺序排列,"‖"前的名词更容易被"很"修饰]。实际语料表明,名词概念意义中社会性越强、和人类活动关联度越高,越容易与"很"结合;名词概念意义中自然性越高,和人类活动关联度越低,越难与"很"结合。前者与后者之比大约为 4:1。

(16) a. 经典、时尚、低调、专业、传统、艺术、新潮、神经、美貌、神经质、古典、无赖、正义、老派、村、标准、排场、中庸、知己、空白、策略、深度、歇斯底里、万恶、能耐、黑心 ‖ 美味、暴力、文艺、悲剧、变态、白痴、梦幻、淑女、娘、女人、内涵、绅士、现代、男人、青春、激情、温情、速度、高调、八卦、技巧、活力、疑问、元气、风情、国际、磁性、乡土、戏剧、平价、正气、路人

b. 牛、火、阳光、糗、油、肉、海、皮、草、规矩 ‖ 雷、垃圾、水、热血、奇葩、冰、中国、菜、油菜、潮、白菜、瓜、狼、河蟹、土鳖、阴霾、鸡肋、轴、机车、猪、虎、酱油、鸵鸟

下面来自 BCC 语料库的例子都是 N_S 型名词：

> (17) a. 她们俩最大的共同点就是讲话都很温柔，不急不
> 　　　缓，很淑女。
> 　　b. 当下的一些书评报刊的情形，评什么书很商业，怎
> 　　　么评却很学究。
> 　　c. 每一个说话真挚的人其实都很热血。
> 　　d. 他还很阿 Q 地沾沾自喜，以为自己走运了。

这两类名词与"很"组合后的语义解读也存在差异。一般来说，名词与"很"组合后，原概括义中被忽视的细节会被凸现出来（储泽祥、刘街生 1997）。然而，N_S 和 N_N 名词所凸显的细节数量不同：前者通常凸显原概念义中的一部分细节，而后者则凸显原概念义中的某一特定细节。譬如"很传统"凸显的安分、勤快等品质是概念义"世代相传具有特点的社会因素"的一部分；而"很火"凸显的是火的外在感知最强烈的属性：热度。此外，N_N 与"很"组合后，新语义对语境有着很强的依赖性。首先，能够与"很"组合的名词需要为人们所熟悉。对于非专业人士说"很鸭嘴兽"，听者可能会不知所云。"很四川"容易被熟悉或了解四川的人所接受（爱吃辣、生活悠闲、爱吃兔子肉），但不易为对四川不熟悉的人所理解。其次，具体语境中，N_N 凸出的细节由具体语境决定。比如，"很阳光"可以指朝气蓬勃，也可以指活泼开朗，在特定语境中指何种品质由上下文决定。

10.4.3 "很＋名词"结构的语义分析

假设名词所有维度组成集合（Dim_N），每一个维度表示个体从该维度到量级的程度关系（R）。采纳布尔代数的相关表述手段，取 1

为等同(绝对相似),0 为不同(不相似),这一量级结构如下图所示:

$$(18) \quad S_A \left\{ \begin{array}{l} 1 \\ \cdots \\ 0.3 \\ 0.2 \\ 0.1 \\ 0 \end{array} \right.$$

前文提到,"很"有两个语义要求:(a) 其语义作用对象为定义在偏序关系上的量级结构(S_N);(b) 存在比较标准。名词的范畴化由两个因素确定:(a) 个体和原型的相似度;(b) 由语境确定的最低相似度标准。不同类型名词量级的运算方式有差异:N_S 型名词的量级由各个维度上程度的加权和确定,是一种加法关系;而 N_N 型名词的量级由各个维度上程度的加权积确定,是一种乘法关系。只有当个体的加权积/和满足语境规定的最低程度时,语义为真,如(19)(其中 n 表示最低相似度标准):

(19) a. N_S 型名词:

$$S_N = \{w_1 f_1(x) + \cdots + w_n f_n(x) : x \in D_e\}$$

$$[[N_S]] = \lambda n \in S_N \lambda x. \ |\{w_1 f_1(x) + \cdots + w_n f_n(x)\}| \geqslant n$$

b. N_N 型名词:

$$S_N = \{w_1 f_1(x) \times \cdots \times w_n f_n(x) : x \in D_e\}$$

$$[[N_N]] = \lambda n \in S_N \lambda x. \ |\{w_1 f_1(x) \times \cdots \times w_n f_n(x)\}| \geqslant n$$

以 N_S 型名词"淑女"和 N_N 型名词"鸟"为例来说明。$Dim_{淑女}$ 和 $Dim_{鸟}$ 中包含了一系列程度关系，$R_1 \cdots R_n$。其中，"淑女"的程度由各维度的加权和确定（20a），"鸟"的程度由各维度的加权积确定（20b）：

（20）a. $[[\,淑女\,]] = R_{淑女} = \lambda n \lambda x.\ |\{w_1 f_1(x) + \cdots + w_n f_n(x)\}| \geqslant n$

　　　b. $[[\,鸟\,]] = R_{鸟} = \lambda n \lambda x.\ |\{w_1 f_1(x) \times \cdots \times w_n f_n(x)\}| \geqslant n$

由于名词的范畴化不是简单地将各维度相加，所以"很"既不能直接修饰名词的维度数量，又不能修饰名词的程度。换言之，名词不具备与"很"直接组合的条件。要使"很"与名词组合，名词的概念结构需要进行量级压制（coercion）。N_S 型名词量级结构的压制过程如下：（a）各维度权重趋同（$w_1 = w_2 = \cdots = w_n$）；（b）单一维度上的程度关系变为二元结构（只包含 1 和 0）。经过量级压制后，"淑女"的词汇语义如（20）：

（21）$[[\,淑女_c\,]] = R_{淑女_{,c}} = \lambda n \lambda x.\ |\{R \in DIM_{淑女} : \forall d \in I_R : R(x, d)\}| \geqslant n$

量级结构的压制引起了语义和句法上的变化。从语义上来说，由于原本不重要的维度权重上升，语义中被忽略的细节被凸显出来。在"淑女"原来的维度集合中，言行举止维度的权重要高于外貌维度的权重。然而，当"淑女"与"很"组合后，外貌维度获得了与言谈举止维度同等重要的地位。打扮温婉的个体就能满足"很淑女"的语境标准，如(22)：

(22) a. 在大家的心目中她似乎永远是淑女，是无辜和无助的弱女孩状。

　　 b. 街头随处可见肩披长发、挎着坤包、拖条长裙的女子，这是一种很淑女的美。

在句法上来看，随着名词的量级结构向计数维度关系转变，"很＋名词"可以自然地与维度短语组合：

(23) a. 其实你的性情很传统。

　　 b. 从用词来说，这首曲子很古典。

值得注意的是，这里的 n 的取值是一个大于零而小于 MAX(理想的原型)的实数 $0 < n < MAX$。"很 X"表示个体具有的属性会无限趋近于 X 的原型(MAX)，但不能等于原型。因而，"很淑女"不表示个体是真正的淑女，而是具有类淑女的某些特征。

N_N 型名词量级结构的压制过程与 N_S 型名词有相同之处，也有不同之处。相同之处在于：(a)各维度权重趋同($w_1 = w_2 = \cdots = w_n$)；(b)单一维度上的程度关系变为二元结构(只包含 1 和 0)。不同之处在于：N_N 型名词在经过量级结构的压制后，要使语义为真，还需额外满足两个条件：(a)各维度上的程度均为 1；(b)语境规定的最低标准为 1。以"火"为例：

(24) $[[\ 火_c]] = R_{火,c} = \lambda n\lambda x.\ |\{R \in DIM_火 : \forall d \in I_R : R(x, d)\}| \geqslant n$

与 N_S 型名词相同,维度权重的趋同也使得语义中被忽略的细节凸显出来,"很+名词"凸显某一特定细节。此外,由于各维度上的程度均为 1,凸显何种细节由语境决定。以"很火"为例:"很火"一般凸显热度维度,比喻兴旺、热烈,而与色、光等都无关,这需要说话人对火的性质有充分的了解。

由上述讨论可知,名词与"很"组合的过程也是其量级结构压制的过程。其中,表达社会生活概念或社会评价的 N_S 型名词的量级结构的压制简单易行,而表达自然界有形或无形实体的 N_N 型名词量级结构的压制对语境提出了额外的要求,因此,前者比后者更容易与"很"组合,组合后的语义变化小;反之,后者与"很"组合的难度大,组合后的语义变化大,语境依赖性更强(储泽祥、刘街生 1997)。这一分析准确预测到了像"很淑女"这样的表达式的可接受度比"很肺炎"这类表达式可接受度高的现象,为名词内部划分不同的次范畴提供了更具原则性的理据。

10.5 名词与形容词:定序测量与定差测量

本节讨论形容词和名词在语义上的共性与差异。名词和形容词都关涉某一量级结构,但这不表明它们完全一样。有些名词虽然能被"很"修饰,但不能像形容词一样,可以自由地出现在各类差项比较句中,也不能和测量短语共现,如(25)和(26)的对立:

　　(25) a. 张三很高。

　　　　 b. 张三多高?

　　　　 c. 张三比李四高三厘米。

　　　　 d. 张三两米高/高两米。

　　(26) a. 小丽很淑女。

　　　　 b. ?? 小丽多淑女?

　　　　 c. *小丽比小芳淑女三分。

　　　　 d. *小丽三分淑女/淑女三分。

　　这一点可以归结为名词和形容词所对应的测量尺度不同。Stevens(1946，1957)依据测量内部描述力的强弱程度,把测量分为四个尺度:定类尺度、定序尺度、定差尺度和定比尺度,这四类不同的尺度分别对应于四类不同的量级结构:定类量级、定序量级、定差量级、定比量级。定类尺度主要用于对事物的分类和区分,如人们用"男性""女性"对人群进行二分,或者 1 路、8 路对公交车进行辨别,等等。定类测量得到的结果不能用于比较,只有分类的意义。定序尺度指的是按照一定的标准对事物进行排序。如某大学年终考核,按照{优秀≥合格≥不合格}对教师进行评估;在 800 米跑中,用 1,2,3,4 等名次对运动员进行排序等。定序测量得到的结果可以用自然数($1 \leqslant 2 \leqslant 3 \leqslant 4 \leqslant \cdots \leqslant n$)来表示,但这里的数字本身并没有实际的意义,仅表示某种序列。地质史上的三叠纪、侏罗纪、白垩纪等的排列也是定序测量。定差尺度不仅可以对事物进行定类,对事物进行排序,还可以准确地表示事物之间的差距的大小。用摄氏度或者华氏度对温度的测量属于定差:30 摄氏度比 20 摄氏度多 10 摄氏度。定比尺度可以区别事物,对事物进行排序,表示事物之间差距的大小，还可以表示事物的量之间的比例关系。比如 A 大学有 1900名教学科研人员，B 大学有 3800 名教学科研人员，可以说 B 校的人数比 A 校的人数多 1900(定差)，也可以说 B 校的人数是 A 校的两倍(定比)。依据描述力的强弱，定类尺度最弱，定序稍强，定差次之，最强的是定比：定类＜定序＜定差＜定比。这四类测量尺度如表 10‐2 所示(来自 Stevens 1946:678)：

表 10‐2　测量尺度与测量量级

量级	测量方式	说明
定类	对事物进行分类和区别	仅有分类作用
定序	对事物进行排序	具有分类和排序的作用
定差	表示事物之间差距的大小	没有绝对的零点(起始点)，可以定义减法运算，同时具有分类和排序的作用
定比	表示事物之间的量的比例关系	具有绝对的零点(起始点)，可以定义加减乘除等运算

把测量尺度引入名词和形容词的语义分析，可以发现，名词和形容词对应的测量尺度不同。形容词基于定差量级(部分形容词还可以表示比率关系，对应于定比量级)，名词基于定序量级。基于定序量级的谓词只能表示个体之间的先后顺序关系，不能表示个体的程度之差。知更鸟、乌鸦和鸵鸟都是鸟，但它们作为"鸟"的地位是不对等的：知更鸟比乌鸦更像鸟，乌鸦比鸵鸟更像鸟。以是否符合鸟的典型特征构建量级，可以得出一个排序关系：知更鸟＞乌鸦＞鸵鸟。但这种排序关系不能表示个体的程度之差，如不说"知更鸟比乌鸦更鸟 3 倍"。原因无他，除非特别必要，我们对世界的认知不要求这种精确计算。与之相对，形容词对应于定差或定比量级。小张身高一米八，老王身高一米六，可以说"小张比老王高"(定序)，可

以说"小张比老王高 20 厘米"(定差),还可以说"小张的身高是老王身高的 $1\frac{1}{8}$ 倍"(定比)。

名词所对应的量级是定序量级,因而,可以预测,能被"很"修饰的名词,也能在一定情况下用于表示先后顺序(程度高低)的比较句。实际语料证明了这一预测。下面的例子都是在网络上检索到的实际用例:

(27) a. ? 比中国还中国

　　 b. ? 比圣诞节还圣诞节

　　 c. ? 比女人还女人,比蜗牛还蜗牛。

虽然形容词和名词所对应的量级结构都能进行分类、排序,但只有形容词的量级结构能描述事物具有的程度之差,可以定义算术上的加减运算。因为这一特性,形容词可以被数量短语修饰,可以出现各种类型的差比结构中和程度问句中,而名词则不能[见例(25—26)的对立]。这一分析为更深刻的说明名词和形容词在语义上的重合与差异,以及形名转换和名形转换之间的不对称性等问题提供了新的思路。

10.6　结语

对于名词为何能与"很"组合,以及不同名词与"很"组合的能力差异,学界一直处于争论之中。本章通过系统比较形容词和名词的概念结构,指出名词的等级性语义是它们与程度副词组合的基础,名词的等级性源于其范畴化,即个体在各维度上和原型的平均相似度。依据平均相似度计算方式的不同,名词内部可以划分出两个次类:表示人类社会生活、评价、活动等的 N_S 型名词的各个维度趋向于独立,名词范畴的确立基于个体在各维度上和原型的相似度的加权和;表示自然界有形或无形实体的 N_N 型名词的各维度之间交互性高,名词范畴的确立基于个体在各维度上和原型的相似度的加权积。前者比后者更容易受到量级压制,因而更容易生成可以被"很"作用的量级结构。

虽然名词和形容词都引导某种量级结构,但名词对应的是定序量级,形容词则是定差量级。前者只能表示个体之间的先后顺序(或程度大小)关系,后者还可以表示个体之间的程度之差。这一分析,能更深刻地说明形容词和名词之间的重合与差异:名词和形容词都能表示定序关系,因而都能被程度副词(如"很")修饰,或进入某些表示先后顺序的比较结构中。但从测量尺度以及所对应的量级结构而言,名词和形容词是两个截然不同的范畴,因而,即使名词能被"很"修饰,也不表明它们已经彻底转化为了形容词。这就是"名形转换"和"形名转换"不对称的根本原因。

(本章删节版发表于《汉语学习》2021 年第 5 期,与王媛合作)

第 11 章　程度与测量：再谈汉语形容词的极性对立问题

11.1　引言

汉语学界早已注意到许多意义上属于同一类、但极性不同的形容词在语法分布和意义蕴含上存在一系列的差异［见朱德熙 1956 (1980)；邢福义 1965；吕叔湘 1965(1984)；陆俭明 1989；黄国营、石毓智 1993；张国宪 2006；张斌 2010；沈家煊 2015 等］。当前文献中对这一对立背后的机制，尚缺乏具有理据性的解释。本章以自然语料为基础，考察几组典型的形容词(1)的用法及语义机制①：

(1) 大—小、长—短、高—矮、宽—窄、厚—薄、深—浅、粗—
细、重—轻、远—近

上述形容词一般被归类为量度形容词(dimensional adjectives)，用来表示事物的空间性或质量，如体积、面积、长度、宽度、重量等

---

① 如无特别说明，本章所指的自然语料主要来自北京大学 CCL 语料库和北京语言大学 BCC 语料库。

（陆俭明 1989：46；张国宪 2006：135）①。这类形容词通常以对称的反义对的形式存在。陆俭明（1989）把前项称为"往大里说的形容词"，把后项称为"往小里说的形容词"。黄国营、石毓智（1993）把前项称为无标记的形容词，后项为有标记的形容词（又见张国宪 2006；沈家煊 2015 等）。邢福义（2012）则分别把它们叫作强态义形容词和弱态义形容词。本章依据当前语义学文献中"极性对立"（polarity opposition）的思路，把前者称为正极形容词（positive adjectives），后者为负极形容词（negative adjectives）（见 Cresswell 1976；von Stechow 1984；Kennedy 2001 等）。

极性不同的形容词在句法组配和语义蕴含上存在一系列系统性的差异。第一，邢福义（1965）、陆俭明（1989）等都指出，正极形容词一般可以被数量短语修饰，构成"数＋量＋形"结构，负极形容词则一般不行。通过对北京大学 CCL 语料库和北京语言大学 BCC 语料库中涉及"高、矮、低、大、小、长、短、远、近、深、浅"等形容词的近 2000 条语料进行统计，我们发现很少负极形容词出现在"数＋量＋形"结构：

（2）a. 大人平均两米高。b. ♯大人平均两米矮。

（3）a. 环状河有三圈大。b. ♯环状河有三圈小。

第二，吕叔湘（1966［1984］：342）观察到，虽然不同极性的形容词都可以带数量结构做补语，组成"形＋数＋量"结构，但是它们的语

---

① 关于量度形容词和非量度形容词的区分，可见 Bierwisch（1988）。Bierwisch 认为和量度形容词相比，非量度形容词在语义上缺乏清晰的界限和系统的结构性。限于篇幅，本章不讨论非量度形容词（如"聪明、愚蠢、大方、精明"等）的语义问题。

义存在差异。正极形容词带数量补语时有歧义。"这根绳子长三尺"有两种意思:(a)跟一定标准或者另一根绳子相比,长了三尺,绳子的全长不止三尺;(b)绳子本身的长是三尺,和"三尺长"是一个意思。但是,负极形容词("小、低、短、窄、薄、浅")带数量短语只有(a)的意义,也就是必然含有比较的意思。这一点在自然语料中得到了验证:正极形容词组成的"形+数+量"结构兼有计量和比较的意思,而负极形容词组成的"形+数+量"结构则一般只有比较的意思,如:

(4) a. 一个油楻高两米 ,直径一点五米,外面要焊,里面也要焊。(高两米=两米高)

b. 在其他因素大致相同的情况下,家庭成员每天吸 10 支以下香烟,其身高平均矮 0.45 cm;每天吸 10 支以上的家庭,儿童身高平均矮 0.65 cm;每天吸 20 支以上的家庭儿童,其身高平均矮 0.91 cm。(矮 n 厘米=比正常家庭的人员矮 n 厘米;比较用法)

c. 但与城市相比,农村男性平均低 4.9 厘米,女性平均低 4.2 厘米。(比较用法)

d. 桂平西山附近一座山挖出 140 岁蛇精 16 米长。(=蛇的长度是 16 米)

第三,正负极形容词在程度问句中的语义预设不同。汉语可以用"多"来对程度进行提问,比如"你多高""马云多有钱"等。正极形容词在"x 多 A"的疑问句中,通常不预设"x 具有 A 的属性"为真,但是负极形容词通常预设"x 具有 A 的属性"为真(x 表示个体;A 表示形容词）：

  （5）a. 张三有多高？⇏ 张三高。

    b. 这张桌子有多宽？⇏ 这张桌子宽。

  （6）a. 张三有多矮？⇒ 张三矮。

    b. 这张桌子有多窄？⇒ 这张桌子窄。

  第四，黄国营、石毓智（1993）、沈家煊（2015）等均注意到正负极形容词在"有多＋A"问句中的另一个区别：当形容词是正极形容词的时候，正负极形容词都可以用于回答，但当形容词是负极形容词的时候，只能用负极形容词来回答：

  （7）A：这只箱子有多大？B：非常大/非常小。

  （8）A：这只箱子有多小？B：非常小/#非常大。

  类似的语义蕴含关系还存在于在比较句中。在差比句、等比句、"有"字比较句中，正极形容词一般不预设相应的个体具有形容词所述的属性，而负极形容词则恰恰相反，一般预设某一个体具有形容词所述的属性：

  （9）a. 张三和老王一样高。⇏ 张三高。

    b. 张三有老王那么高。⇏ 张三高。

  （10）a. 张三和老王一样矮。⇒ 张三矮。

    b. 张三有老王那么矮。⇒ 张三矮。

第五,正极形容词可以用于比率比较句,但是负极形容词用于比率比较句中则不那么自然,如:

(11) a. 张三有李四两倍高。b. ♯李四有张三两倍矮。

(12) a. 长江有珠江 2.84 倍长。b. ♯珠江有长江 2.84 倍短。

正负极形容词在用法和语义蕴含上的差异可以总结为表 11 - 1:

表 11 - 1 形容词的极性对立与语法差异

	能否被数量结构修饰	带数量结构做补语	在程度问句中有特定的语义预设	在比较句中有特定的语义预设	能否形成量度名词	用于比率比较句
正极形容词	✓	有歧义	没有	没有	✓	✓
负极形容词	✗	只有比较意义	有	有	? ✗	✗

以往针对这类现象主要是从标记理论的角度来进行解释。比如沈家煊(2015:173,218)认为,正极类形容词是无标记项,具有中性用法,负极类形容词是有标记项。从搭配情况来看,无标记项与无标记项相组配,有标记项与有标记项相组配,肯定与正面词相组配,否定与反面词相组配。从使用情况来看,无标记项的使用频率和分布情况远大于有标记项。标记理论可以对形容词的极性对立现象做出一定的概括,但是很难对一些例外情况做出说明。譬如在自然语料中不难找出"负极形容词+度"构成量度名词的用法,如(13):

(13) vivo 一款超薄手机面世,机身薄度仅为 4.75 毫米,为目前最薄的手机。(网络语料)

邢福义(2012)也观察到,在一些特定的情况下,个别的负极形容词也是可以被数量短语修饰的,如(14):

(14) 将一克24K的黄金打制成只有万分之一毫米那么薄的金箔,再把金箔制作菜肴食用。[邢福义 2012:例79)]

有无标记性的提法只是对形容词极性对立的一种描写手段,不能说明不同极性的形容词在句法组配和语义蕴含关系上不对称性的原因,也不能揭示这一对立背后的语义理据。以往文献对形容词极性对立的研究也忽略了另一个重要的问题,即形容词的语义本质问题:究竟形容词只是提供计量的维度,还是具有更为复杂的语义结构? 引入当前语义学中有关程度和量级结构(scale structure)等概念,本章认为,正负极形容词的对立源于它们在量级结构上的分立:它们分别对应于某一量级上不同但是互补的区间。正极形容词对应于从零点到某一正数值的封闭的、有限的区间($[0, n]$),而负极形容词对应于从某一正数值到无穷大的开放的、无限的区间($[n, \infty]$)。前者有最小值或者客观意义上的零点,而后者没有最小值,也缺乏客观意义上的零点。这一新的思路可以对不同极性的形容词在分布上的不均衡和语义蕴含关系上的差异做出更具原则性的说明。

11.2 量级结构与形容词的等级性

以往关于形容词极性对立的文献大多忽略了形容词最重要的语义属性:等级性(gradability)。"大、小、长、短、粗、细、高、矮、远、近"等在极性上有所不同,但它们具有语义共性:它们都具有等级

性,即存在程度差异。所谓等级性,是指表达式的真值意义的确定
需要依赖于某一比较标准或者比较类别。因为涉及不同的比较标
准,下面的句子并不矛盾:

(15) a. 张教授买得起学区房,相比于其他老师,他很富有。

　　　b. ♯张教授买得起学区房,相比于马云,他很富有。

　　根据是否具有等级性,形容词可以分为等级性形容词和非等级
性形容词。它们之间的区别可以通过一定的语法手段来甄别。一
般来说,等级性的形容词可以有比较形式,可以被"很、非常"等程度
副词修饰,可以进入相应的感叹句式以及"越来越 A"结构,可以用
"多"来提问等(关于等级形容词和非等级形容词的区分,详见罗琼
鹏 2016)。以"漂亮"和"大型"的对立为例:

(16) a. 阿凡达里面的演员很漂亮。

　　　b. * 银杏湖游乐园很大型。

(17) a. 秋天的北京比冬天的北京漂亮。

　　　b. * 银杏湖游乐园比新街口游乐园大型。

(18) a. 秋天的北京真漂亮啊!

　　　b. * 银杏湖游乐园真大型啊!

(19) a. 随着天气**越来越暖和,女生们穿的衣服也越来越
漂亮**。

　　　b. * 银杏湖游乐园越来越大型了。

(20) a. 秋天的北京有多漂亮?

　　　b. * 银杏湖游乐园有多大型?

　　当前语义学理论一般采纳程度语义学来刻画形容词等级性[①]。和传统的语义理论不同，程度语义学把"程度"作为语义要素引入了语义表达体系，主张自然语言的等级性都和量级结构相关（见 Sapir 1944；Cresswell 1976；von Stechow 1984；Kennedy 2001，2007；Kennedy & McNally 2005 等）。所谓量级，是指某一维度上由具有偏序关系（用符号≥表示）的程度组成的集合。量级是一个三元结构(21)：

　　　　(21) 量级(S)是一个三元结构：$S = <D, Dim, \geqslant>$

　　　　1) D 是程度的集合；

　　　　2) ≥是 D 上的偏序关系；

　　　　3) Dim 是测量的维度。

维度指的是个体具有的、可以用于比较的属性（如高度、宽度、颜值、智商等）。程度之间满足偏序关系，即 $d_n \geqslant d_2 \geqslant \cdots \geqslant d_1$。"≥"满足传递性(transitive)、反对称性(antisymmetric)和自反性(reflexive)。

　　根据这一思路，具有等级性的形容词的语义不再单纯指称个体的性质，而是个体到某一量级上的程度的二元关系，如"高"是从个体到高度量级上的程度的二元关系，"长"是从个体到长度量级上的程度的二元关系，"漂亮"是从个体到颜值量级上的二元关系，等等。用 d 和 x 分别表示程度论元和个体论元，"高"的语义可以表示为(22)：

　　　　(22) $[[\,高\,]] = \lambda d \lambda x.$ **高度**$(x) \geqslant d$（个体 x 具有高的程度 d）

---

① 　关于程度语义学的基本假设和技术手段，见罗琼鹏(2017)及所引文献。

　　引入量级结构为探索形容词等级性提供了新的视角,但要对形容词的极性对立现象做出更深刻的说明,还需要对程度的本质以及量级的内部结构进行更深入的探讨。本章采纳 von Stechow(1984)和 Kennedy(2001,2007)的相关假设,认为程度亦可以被表述为量级上的区间,即量级上的程度组成的凸面的(convex)、非空的子集,定义如(23):

　　　　(23) 程度作为区间:$\forall d_1, d_2 \in d \ \forall p_3 \in S\lfloor d_1 < p_3 < d_2 \rightarrow p_3 \in d\rfloor$
(对任意的 d_1、d_2,以及量级 S 上的任意刻度 p_3,如果 $d_1 < p_3 < d_2$,则 p_3 也是程度)

　　假设形容词都引导和某一维度有关的量级,比如“高”引导高度的量级,“深”引导深度的量级,等等。在这一思路下,互为反义对的形容词投射到量级上的区间是互补的。相应的模型如图(24):

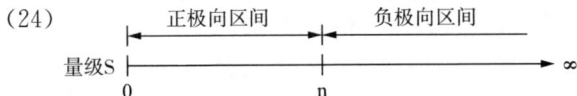

图(24)所示的量级由两个部分组成,其中第一段 $[0, n]$(n 的值用实数表示)表示的是正极向的形容词在 S 量级上的程度,第二段 $[n, \infty]$ 表示的是负极向的形容词在 S 量级上的程度。这两个量级的程度区间在量级 S 上刚好构成互补分布[①]。用 MAX 表示作用于某一

────────────

① 正极向区间[用“POS(S)”表示]和负极向区间[用“NEG(S)”表示]的定义如下:(i) 量级 S 上的正极向区间:$POS(S) = \{d \subseteq S \mid \exists p_1 \in d \ \forall p_2 \in S\lfloor p_2 \leqslant p_1 \rightarrow p_2 \in d\rfloor\}$;(ii) 量级 S 上的负极向区间:$NEG(S) = \{d \subseteq S \mid \exists p_1 \in d \ \forall p_2 \in S\lfloor p_1 \leqslant p_2 \rightarrow p_2 \in d\rfloor\}$。

区间的程度,并得到该区间的程度最大值的操作,MIN 得到该区间的程度的最小值的操作,定义如(25):

> (25) a. 正极向量级区间上的程度的最大化操作(MAX):
>
> $MAX(S_{[0,n]}) = \iota d [d \in S \land \forall d' \in S \rightarrow d' < d \lor d = d']$
>
> (d 是量级 S 上的最大程度当且仅当量级上的任意程度 d', d' 要么小于 d,要么和 d 相等)
>
> b. 负极向的量级区间上的程度的最小化操作(MIN):
>
> $MIN(S_{[n,\infty]}) = \iota d [d \in S \land \forall d' \in S \rightarrow d' > d \lor d = d']$
>
> (d 是量级 S 上的最小程度当且仅当量级上的任意程度 d', d' 要么大于 d,要么和 d 相等)

因为量级上的正极向区间的程度和负极向区间的程度构成互补分布,由图(24)和定义(25)可以得到(26)的等式:

$$(26) \; MAX(S_{[0,n]}) = MIN(S_{[n,\infty]})$$

等式(26)保证了正负极向的形容词可以互换而不影响语义。如果 A 和 B 是反义对,总是有"x 比 y 更 A"为真当且仅当"y 比 x 更 B"为真,如:"张三比李四高"为真当且仅当"李四比张三矮"为真,如下图所示:

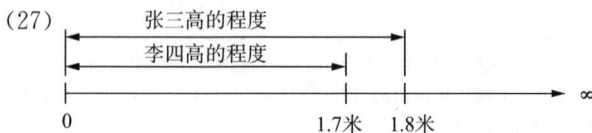

　　"张三比李四高"的语义可以表述为:张三具有的高度大于李四具有的高度(1.8 米＞1.7 米)。"张三比李四高"与"李四比张三矮"在真值意义上是相等的:

　　(28) [[张三比李四高]]＝1 当且仅当:MAX({d|d 是张三高的程度})＞MAX({d'|d' 是李四高的程度})(＝ **高度(张三)＞高度(李四)**)[①]

　　"李四比张三矮"的语义也可以借由最大化操作(MAX)来表示,即"李四比张三矮"为真当且仅当李四矮的程度在[n, ∞]区间上的最大值大于张三矮的程度的最大值。(30)是对这一语义的形式化刻画。

　　(29)

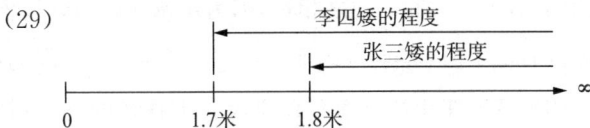

　　(30) [[李四比张三矮]]＝ MAX({d|d 是李四矮的程度})＞ MAX({d'|d' 是张三矮的程度})

　　量级上正负极两个区间最根本的区别在于,正极向区间有最小值,即零点;而负极向区间没有最小值,没有零点。正极形容词和负极形容词具有反向的单调性属性:正极形容词是单调向上蕴含的,而负极形容词是单调向下蕴含的。就正极向形容词而言,如果"张三高一米八是高"的,则有"张三高一米八五"是高的,"张三高一米

---

　　① 　关于汉语"比"字比较句的句法和语义,请参见罗琼鹏(2017)。

九"是高的,依此类推,"张三高一米八＋n"是高的,反之不然。就负极向形容词而言,如果"张三高一米六"是矮的,则有"张三高一米五五"是矮的,"张三高一米五"是矮的,依此类推,"张三高一米六－n"是矮的,反之不然。这一单调性属性如(31)所示:

(31) a. 正极形容词是单调向上蕴含的:x is POS(A) ⇔ ∀ d,d' [A(d)(x) ∧d≤d' → A(d')(x)]

　　 b. 负极形容词是单调向下蕴含的:x is NEG(A) ⇔ ∀ d,d' [A(d)(x) ∧d'≤d → A(d')(x)]

对于任何有最小值的量级来说,正极向的程度对应于从这一最小值(零点)到某一正数值的区间。也就是说,正极向的程度对应一个封闭的、有限的区间。与之相反,因为单调向下蕴含属性,负极向的程度没有最小值(零点),因而对应一个开放的、无限的区间。极性不同的形容词在句法分布和语义蕴含上存在的一系列的差异可以通过这一对立得到更合理的解释。

11.3　对形容词极性对立的解释

首先来考察形容词被数量短语修饰的情况。数词和度量衡量词组成的数量短语,如"三米、两厘米、三公斤、七十平方米"等,表示对某个体具有的某种属性(长度、直径、重量、面积等)的精确计量,表示的值都必须是正数。这一正数值可以和正极形容词的语义(表示某一正极向区间)相匹配,因而得到"三米长、两厘米宽、三公斤重、七十平方米大"这类表达式。反过来,负极形容词表示从无穷大到某一个数值的区间,没有起始点,也没有绝对的零点,因而不能和表示正数值的数量短语结合。

图(32)直观地表明了上述原理①。横条旁的数字即为刻度值。左边横条以长度增序(单调向上蕴含)排列,如果语境确定的刻度值为1,那么 A 和 B 就可以被视为是长的;若3为标准值,只有 A 是长的而 B 则不是。现在引入一个以"米"为单位的测量项,"n 米"是真的当刻度集为0到1之间,1到2之间,等等。2和4之间的刻度集被分成两个米区间,所以 A 比 B 长两米。由于0到4之间可以被分成4个米区间,A"四米长"也为真。反观右边横条以短的程度增序排列,同理,如果语境标识的标准值为5,那么 A 和 B 都是短的;若3为标准值,则 B 是短的而 A 不是。同样引入测量单位"米",2和4之间的刻度集可以分成2个米区间,所以 B 比 A 短2米。相对于 A 来说更短的刻度集,以4为上限但没有下限,因为单调向下蕴含的原因,到了刻度为0甚至负值时仍被识别为"短",所以对于有限 n 来说,n 米对于该区间而言永不为真(3米是短的 ⇒ 1米是短的 ⇒0米是短的),导致"n 米短"不可说。

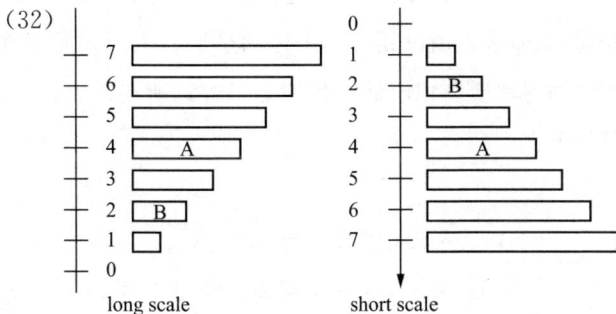

(32)

long scale　　　　short scale

对负极形容词而言,要和数量短语组合,必须有一个比较标准作为其起始点。吕叔湘曾指出,正极形容词后面接数量补语的时候有歧义,但是负极形容词后面接数量补语的时候没有歧义,只有比较的意思。如"这块石头轻六吨",不表示这块石头的重量是六吨,而只能表示对于当前语境或者上下文提供的某一比较标准而言,这块石头轻了六吨,石头本身的重量不是六吨。这一语义如图(33)所示("x"表示语境提供的比较标准):

(33)

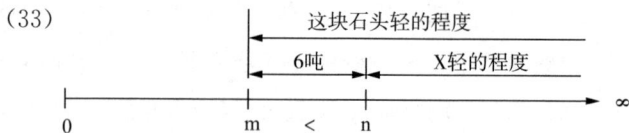

(34) [[这块石头(比 x)轻六吨]] 为真当且仅当:

$MAX(\{d|$这块石头轻的程度 $d\}) \geqslant MAX(\{d'|x$ 轻的程度 $d'\}) + 6$ 吨

前文提到,极性不同的形容词在疑问句和比较句中有不同的语义预设。这一点也可以得到合理的解释。正极形容词在疑问句和比较句中,通常不预设相应的个体满足形容词所述的属性,但是负极形容词通常预设相应的个体满足形容词所述的属性。相关例子重复如下:

(35) a. 张三有多高? ⇏ 张三高。

　　b. 张三和老王一样高。⇏ 张三高。

(36) a. 张三有多矮? ⇒ 张三矮。

　　b. 张三和老王一样矮。⇒ 张三矮。

　　因为正极向形容词对应的程度区间有绝对的零点，是从零点到某一正数值的封闭的区间，从理论上来说，任何大于零的正数值都满足高（度）、长（度）、深（度）、宽（度）的描述。也就是说，就如"一米八"表示某种高度一样，"一米六"也是高度，"一米三"也是高度。"一米六"和"一米八"都对应于正极向区间的正数值。正极形容词的这一特性使得它们出现在疑问句和比较句中的时候，不预设相应的个体满足形容词所述的属性。负极向的形容词则恰好相反。负极向形容词对应的区间没有绝对的零点（起始点），也没有最小值，是一个无限的、开放的空间。这类形容词要用于疑问句或者比较句，前提是说话人认为相应的个体具有的程度满足或者超过某一语境决定的比较标准，否则句子将会无法获得合适的语义解读。以负极形容词"矮"为例，其语义表达为（37）：

$$(37)\ [[\ \text{矮}\ ]] = \lambda d\lambda x.\ \text{矮}(d)(x) \wedge d \geqslant \delta$$

　　在（37）中，"δ"表示语境决定的某一标准。这一标准充当负极形容词所指称的区间的起始点。当负极形容词用于疑问句或者比较句中的时候，个体 x 在相应的形容词所述属性上的程度 d 必须满足这一比较标准。从语感上来说，即相应的个体具有形容词所述的属性。

　　本章的分析还能对一些看似例外的语料做出合理的说明。邢福义（2012）观察到，在一些特定的情况下，个别的负极形容词也可以被数量短语修饰，如例（38—39）：

　　（38）将一克 24K 的黄金打制成只有万分之一毫米那么薄

的金箔,再把金箔制作菜肴食用。

(39) 倒入面粉继续用橡皮刮刀转转拌成面团状,再分成两等份,整形成直径 1.5 公分细的圆柱体,分别包入保鲜膜内。(《心食谱,芝麻杏仁小饼》,CCL 语料库)

这些"例外"从另外一个角度佐证了本章的分析。所谓"薄"指的是扁平物上下面之间的距离小过一定的程度。这一定义表明了和别的负极形容词不同,"薄"的语义存在一个起始点(这一起始点的值往往由语境决定)。因而,"薄"的语义可以表示为(40)。"万分之一毫米"表示从这一起始点(0)到万分之一毫米之间的区间。类似的分析可以推及例(39)中"细"的情况:

(40) $[[\ 薄]] = \lambda d \lambda x. \ \textbf{薄}(d)(x) \wedge d > 0$

正因为这一点,在自然语料中,我们发现了"薄"可以加"度"组成"薄度"的用法。在例(41)中用"薄",强调这一数值位于从零到 4.75 毫米的区间,比别的手机都要薄:

(41) vivo 一款超薄手机面世,机身薄度仅为 4.75 毫米,为目前最薄的手机。(网络语料)

正负极形容词在比率比较句中的不同分布也可以得到解释。珠穆朗玛峰高 8844 米,乔戈里峰高 8611 米,可以说"珠穆朗玛峰比乔戈里峰高(8844—8611)/8611=0.027 倍",但一般不说"乔戈里峰有圣母峰 0.97 倍矮"。比率比较句涉及乘法运算(珠穆朗玛峰比乔戈里峰高 0.027 倍＝**高度**(**珠穆朗玛峰**)≥**高度**(**乔戈里峰**)＋**高度**(**乔戈里峰**)×0.027)。正极形容词对应的是从零到某一正实数的区间,其取值总为正值,适用于乘法运算。反之,负极形容词对应于无穷大到某一实数的区间,因为单调向下蕴含性,其取值因为缺乏客观上的零点而不能确定,数值不能确定便不适用于乘法运算。在 CCL 和 BCC 语料库中,很少发现负极形容词用于比率比较句的用例。在下面的例句中,(b)类句子的自然度要低于(a)类句子:

(42) a. 张三有李四两倍高。(张三高 2 米;李四高 1 米)

　　 b. ♯李四有张三两倍矮。

(43) a. 长江有珠江 2.84 倍长。(长江长 6280 米;珠江长 2214 米)

　　 b. ♯珠江有长江 2.84 倍短。

　　小结:意义上属于同一类,但极性不同的形容词在句法分布和语义蕴含上存在一系列系统性的差异。标记理论无法对语言现象做出全面的概括,也不能对看似"例外"的现象做出说明。这一系列系统性的差异可以归结为极性不同的形容词所对应的量级结构的不同:正极类形容词对应于一个封闭的、有限的区间,而负极类形容词对应于开放的、无限的区间;前者有客观意义上的零点或起始点,后者没有客观意义上的零点或者起始点。这一小节详细展示了这一新的分析如何对不同极性的形容词在句法和语义上一系列的差异做出更准确的预测和更合理的解释。

　　接下来的问题是为什么不同极性的形容词会有这一语义上的区别呢? 这一区别背后是否还存在更深的语义理据? 下一小节我

们将尝试把(不同)量级结构与(不同)测量尺度(levels of measurement)联系起来,对这一问题做出说明。

11.4　测量尺度与量级结构之间的对应性

Stevens(1946)依据测量内部描述力的强弱程度,把测量分为四个尺度:定类尺度(nominal)、定序尺度(ordinal)、定差尺度(interval)和定比尺度(ratio),这四类不同的尺度分别对应于四类不同的量级结构(定类量级、定序量级、定差量级、定比量级)。定类尺度主要用于对事物的分类和区分,如人们用"男性""女性"对人群进行二分,或者用车牌号对车辆进行辨别等等。定类测量得到的结果不能用于比较。定序尺度指的是按照一定的标准对事物进行排序。比如某大学年终考核,按照{优秀≥合格≥不合格}对教师进行评估;在800米跑中,用1、2、3、4等名次对运动员进行排序等。定序测量得到的结果可以用自然数($1 \leqslant 2 \leqslant 3 \leqslant 4 \leqslant \cdots \leqslant n$)来表示,但是这里的数字本身并没有实际的意义,仅表示某种序列。比如张三用30秒跑完了800米,李四用1分钟跑完了800米,定序测量所关注的是李四排在张三的后面。地质史上的三叠纪、侏罗纪、白垩纪等的排列也是定序测量。定差尺度不仅可以对事物进行定类,对事物进行排序,还可以准确地表示事物之间的差距的大小。用摄氏度或者华氏度对温度的测量属于定差:30摄氏度比20摄氏度多10摄氏度。在定差测量中,没有客观意义上的绝对的零点,所以不能进行除法运算,譬如南京热30摄氏度,北京热15摄氏度,但一般不说"南京比北京热两倍",因为0摄氏度并不代表没有温度。定比尺度可以区别事物,对事物进行排序,表示事物之间差距的大小,还可以表示事物的量之间的比例关系。比如 A 大学有 1900 名教学科研人员,B 大学四校合并以后,有 3800 名教学科研人员,可以说 B 校的人数比 A 校的人数多 1900(定差),也可以说 B 校的人数是 A 校的两倍(定比)。依据描述力的强弱,定类尺度最弱,定序稍强,定差次之,最强的是定比(定类<定序<定差<定比)。这四类测量尺度如表 11-2 所示(来自 Stevens 1946:678):

表 11-2　四种测量尺度

量级	测量方式	说明
定类(nominal)	对事物进行分类和区别	仅有分类作用
定序(ordinal)	对事物进行排序	具有分类和排序的作用
定差(interval)	表示事物之间差距的大小	没有绝对的零点(起始点),可以定义减法运算,同时具有分类和排序的作用
定比(ratio)	表示事物之间的量的比例关系	具有绝对的零点(起始点),可以定义加减乘除等运算

把测量尺度引入形容词的语义分析,不难发现,正负极形容词在量级区间上的对立,和不同的测量尺度有关。在当前以程度概念为核心的程度语义学理论框架中,形容词的语义一般被认为引导某一量级结构(Kennedy & McNally 2005),但是这并不表明它们内部没有差异。不同的形容词所对应的测量尺度不同:正极形容词对应于定比测量,负极形容词对应于定差测量。正极形容词所对应的量级结构有绝对的零点或起始点,负极形容词没有绝对的零点或起始点。虽然两者都可以进行分类、排序和描述事物具有的量的差异,但是只有前者可以定义算术上的乘法和除法运算,而后者只能定义加减运算。因为这一特性,前者可以被数量短语修饰,可以出现在等比、差额比较、比率比较等结构中,后者不能被数量短语修饰,只

能出现在等比和差额比较结构中。如果把比率关系视为除法运算，因为任何数除以零都没有意义，负极形容词不能用于比率比较结构中因而可以得到解释。

如果上述思路是正确的话，则本章不但为探索形容词的语义本质提供了一种新的思路，还为测量理论（作为应用数学的一个分支）和语言学研究之间建立了桥梁。把测量尺度和量级等概念引入语义学研究，不但能丰富和完善当前语义学中以"量级"概念为核心的理论模型，还能加深对语言和认知之间密切联系的认识。限于篇幅，我们把更多细节问题留待另文处理。

（本章发表于《语言研究》2018 年第 2 期）

第 12 章　结语

12.1　本书总结

等级性在自然语言中无处不在,不但形容词具有等级性,甚至相当一部分的名词和动词也具有等级性。等级性现象在传统汉语语法研究中也占有重要的地位。很多前辈学者都指出形容词具有程度差异,并提出了诸多具有真知灼见的观点[吕叔湘 1944(1956);朱德熙 1956 1982;沈家煊 1995;张国宪 1993,2000;郭锐 2002;等等]。在前人研究的基础上,本书首次系统的将程度语义学这一新兴理论框架全面、系统的引入汉语语法研究,为汉语等级性现象的语义刻画提供了新颖的理论工具,并对若干汉语语法中的经典问题(如汉语形容词分类的语义理据、汉语比较句的句法语义问题、汉语名词的等级性问题、汉语形量修饰结构的句法和语义问题、汉语主观程度副词的语义问题等)提出了新的解释。本书得出的研究结论有助于我们更深入的思考"程度"的本体论、汉语"可数/不可数"对立、汉语主观程度副词的语义本质的棘手问题。

在**方法论**上,本书有以下几个方面的创新:(1) 为程度差异现象提供了可以归结为真值条件的、用逻辑式表述的分析框架,分析工具直观明了,结论更容易得到检验;(2) 从量级结构的角度考察汉语形容词的语义,对副词和形容词的不同搭配限制以及语义蕴涵关系做出了更合理的解释;(3) 提出了等级性不仅仅是形容词的属性,也是名词的属性,对"大/小＋NP"不对称现象等经典难题提供了新的分析;(4) 为汉语比较结构的句法和语义分析提供了更明确、更具操作性的理论框架;(5) 把程度语义学与多维语义的理念结合,为主观副词的语义提供一个可以用逻辑式表达的分析框架。

在**理论价值**上,本书将程度语义学应用于汉语研究,但同时也注重汉语事实对该理论的检验和修正。新的理论工具可以加深对已知现象的分析和解释,也会促进新现象的发现和探索,推动汉语语法研究不断向前迈进。本书的结论对于增进对等级性表达的语义本质的认识,探索不同结构、不同现象乃至不同语言背后的普遍机制有重要意义。

本书的研究结论,对汉语研究如何融入更广阔的普通语言学研究,并为推动普通语言学理论的发展做出更大的贡献,有一定的借鉴和参考价值。

12.2　程度语义学所面临的挑战及其未来研究方向

自然语言现象是复杂的,任何理论都不能尽善尽美,程度语义学也是如此。随着研究的深入,学者们陆续发现了程度语义学所面临的一些挑战。下面做简单介绍。

第一个挑战是程度的本体论问题(the ontology of degrees)。当前程度语义学理论把"程度"定义为对量的测量的抽象表达,对应于表示某一量级上的刻度(实数的集合)(Cresswell 1976;von Stechow

1984；Kennedy 1999；Schwarzschild & Wilkinson 2002 等）。这一思路对于处理自然语言中的测量短语（如"three inches，two centimeters"）来说是适用的。然而，程度真正的内涵可能比"实数"或"刻度"更为丰富。Moltmann（2009）观察到，假如 Clyde 的高度是 6 英尺，即 *Clyde's height* = 6 feet，我们会预测到下面两组句子在语义上是等同的：

(1) a. Clyde's height is impressive.

　　b. ?? 6 feet is impressive.

(2) a. We were amazed at Clyde's height.

　　b. ?? We were amazed at 6 feet.

很明显，上面例句中的(a)句可以接受，但是(b)句不能。Anderson & Morzycki (2015)、Scontras (2017) 等也观察到了简单把程度理解为刻度所面临的问题。以英语中的程度名词"amount"为例（语料和分析来自 Scontras 2017）：

(3) I want that amount of apples.

　　a) 定指解读：I want those apples there.

　　b) 直接程度解读：I want that abstract amount/measurement.

　　c) 存在解读：I want some apples that measure the amount of those apples there.

如例(3)所示，"amount"一般有三种用法，而其中支持把程度理解为刻度的只有(3b)。Scontras 主张,"程度"的内涵不仅包含对量的测量,也应该包含量所依存的质(即个体),也就是说,程度是个体以及个体所具有的量的结合体,是质和量的统一体(quality and quantity-uniform properties)。Scontras 主张回到 Cresswell(1976)用"等价类"定义程度的思路。

上述思路并不缺乏直接的证据。譬如自然语言中的 DP 在某些情况下可以直接指称程度。下面的例子来自 Szabolcsi(2010:152),其中的"three person"具有两种不同的解读:

(4) You should talk to three persons.

　　a) 程度解读:There exists a number n (n＝3) such that there should be n-many people that you talk to.

　　b) 个体解读:There exists a number n (n＝3) such that there are n-many people that you should talk to.

不仅仅是 DP,甚至是关系从句也可以直接指称程度。Grosu & Landman(1998)发现了英语中的"that clause"组成的关系从句的语义解读和程度有关,如:

(5) It will take us the rest of our lives to drink [DP the champagne [that they spilled that evening]].

从字面上看,例(5)意为我们喝那天他们洒下的香槟(个体解读),但是该句更自然的解读是我们喝那天他们洒下的香槟的量(程度解读）。

　　程度语义学所面临的第二个挑战是：是否所有语言中的比较结构都可以通过程度比较来分析？Li(2015)，Luo & Xie(2018)引用汉语的语料，对这一问题给予了否定的答复。基于程度比较的思路可以用于分析汉语各种类型的形容词差比句(Xiang 2005；Lin 2009)，但不能处理汉语中的动词差比句：

> (6) a. 多吃了一碗饭｜比去年多收了三万斤粮食。（吕叔湘
> 　　　1999:185)
>
> 　b. 张三比李四多看了《红楼梦》。

　　和典型的形容词差比句不同，动词差比句有独特的句法和语义特征。首先，如果要表示比较目标和比较标准之间的差异，形容词差比句中的差比项一般只能是"数词＋度量词"组成的测量短语，不能是"数词＋量词＋名词"组成的名词短语(DP)，如例(7)。在动词差比句中，差比项可以是各种类型的名词短语，如专有名词、无定名词短语、光杆名词等，如(8)：

> (7) a. 他比表弟重 20 公斤。（张斌 2010:592)
>
> 　b. *他比表弟重两个人。
>
> (8) a. 张三比李四多看了两本小说。（无定名词短语）
>
> 　b. 张三比李四多看了《红楼梦》。（专有名词）
>
> 　c. 张三比李四多买了袜子。（光杆名词，表示种类）

　　其次，形容词差比句中的差比项一般可以缺省，但是动词差比

句中的差比项不能省略：

> （9）a. 形容词差比句：梁龙比霸王龙高（三厘米）。
> b. 动词差比句：梁龙比霸王龙多跑了＊（三里路）。

很显然汉语动词差比句不能简单套用程度语义学的理论模型。究竟动词差比句该如何分析，仍然有待进一步的探索。

程度语义学所面临的第三个问题是"程度短语假设"的普遍性。在程度语义学理论框架中，"程度副词＋形容词"的结构被统一分析为程度短语（DegP），其中程度副词是程度短语的中心成分。这一思路可以用于分析汉语的"很＋AP"，但不适用于"非常＋AP"（"很"不能重复，如"＊很很精彩"，但是"非常"可以，如"非常非常精彩"）。还有，许多汉语副词虽然在句法表层看似修饰形容词，在语义上和程度有关，但同时这些副词也具有主观性，传递说话人的情感、态度等，譬如"好、挺、老、怪"等副词，都修饰形容词，但它们和典型程度副词"很"的用法区别很大。这类副词丰富的语义内涵显然不能单用程度语义学来进行刻画。对汉语事实的探索，有助于回答"程度短语假设"的普遍性，探索哪些副词可以充当程度短语中的中心语，也能促进对各类副词的语义本质的探索。

程度的本体论、跨语言的比较结构、各种类型的副词性结构等领域，是当前程度语义学相关研究中的难点，也是未来的热点领域。希望这些课题能引起语言学界同行的重视，从而为推动汉语语法研究的发展带来新的契机。

附录:各章英文摘要
Appendix: Abstracts of the Chapters

Chapter 1: Introduction

This chapter presents an overview of the book by summarizing the most important issues in the framework of degree semantics with special reference to modern Chinese grammar. The issues include the nature of gradable adjectives, the semantics of comparison constructions, the compositionality of adverbial modification structures, the gradability of nouns, the semantics of the degree adverbs with expressive meanings, etc. The chapter also offers a roadmap of the book.

Chapter 2: Gradability and degree semantics

Gradability is ubiquitous in natural language. Gradability poses some non-trivial challenge for formal semantics founded on truth conditions. As a partial response to this challenge, Degree Semantics defines *degrees* as the abstract representation of measurement and takes them as primitives in the semantic model. This idea reconciles the incrementality of truth of gradable expressions with the discreteness of truth conditions, and in the meantime, provides a more straightforward account of a variety of expressions related to gradability in natural language, such as degree constructions, comparatives of various sorts, and even the eventuality of verbs. Despite the many fruitful results, there are some open questions with Degree Semantics, e.g., the ontology of degrees, whether all comparatives in natural languages are amenable to a degree-based semantics, etc. These open questions, when properly incorporated into the study of Chinese grammar, offer new impetus for Chinese linguistics.

Chapter 3: Scale structure and the classification of adjectives in Mandarin Chinese

There exist a variety of differences in semantic entailment and collocational constraint with degree adverbs among simple (property) adjectives in Chinese. These seemingly complicated phenomena can be reduced to a combination of two factors: (1) the typology of the scale structures the adjectives are associated with; (2) the means by which the standard of comparison are determined. Scale structures fall into four subtypes: some have a maximum standard, some have a minimum standard, some have both a maximum and a minimum standard, while some others have neither. Accordingly, for those adjectives that are associated with the scale structures that have neither the maximum standard nor the minimum standard, the standard of comparison is provided by contextual factors, while for others the standard of comparison is provided by either the maximum standard or the minimum standard. This new classification provides a more motivated account of the heterogeneous semantic and distributional features among simple adjectives.

Chapter 4: A case study: Degree, scale, and the semantics of *zhēn* 'true' and *jiǎ* 'false'

The fact that *zhēn* 'true' and *jiǎ* 'false' can be modified by degree adverbs indicates that they are gradable. Depending on the types of scalar structures, they can be further classified: *zhēn* is associated with an upper-closed scalar structure, while *jiǎ* a bottom-closed one. By contrast, the typical adjectives such as *gāo* 'tall', *ǎi* 'short', *měi* 'beautiful', *chǒu* 'ugly' etc. are associated with the scalar structures that are open at both ends. The proposed analysis provides a more motivated analysis for (i) the different collocational constraints between adjectives and degree adverbs and (ii) different semantic entailment relations of (different) adjectives.

Chapter 5: The semantics of degree adverbial modification structures: The case of *zhen jia* 'lit. true false' constructions

This chapter investigates the semantics of 'adverb-adjective' combinations by taking *zhen-jia* 'true-false' as the case study. It is proposed that *jia* denotes a two-place relation from individuals to degrees along the scale of 'deviation from truth'. *Zhen-jia* means some individual x whose degree of similarity to the stereotypical value of 'deviation from truth' (represented by '0') is very large. This novel semantics not only nicely captures the semantics of *zhen-jia*, but also has some useful implications for the study of the degree adverbial modification structures in general.

Chapter 6: Degree and evaluation: The semantics of subjective degree adverbs

There are a variety of "mixed" adverbs in Chinese. Such adverbs are monomorphemic in form, patterning with canonical degree adverbs in taking APs as their arguments and manipulating the standard of comparison along the AP-associated scales, while in the meantime, they also express the speaker's subjective evaluation about the propositional content. Multidimensional semantics distinguishes the truth-conditional content in the descriptive dimension from the expressive content in the expressive dimension yet offers a unified logical treatment for both of them. This paper provides a semantic account for such adverbs by taking the case of *hǎo* 'well' in a multidimensional semantics framework. It is shown that multidimensional semantics not only provides a useful formal means to investigate the semantic nature of such adverbs, but also offers a principled account for a number of semantic phenomena (e.g., *hǎo*'s systematically resistance to nonveridical contexts and positive polarity sensitivity) which would otherwise remain elusive.

Chapter 7: The semantics of comparative constructions in degree-based semantics

This chapter argues that Mandarin *bi* comparatives involve

clausal comparison. Supporting evidence comes from three observations: (a) the parallelism effects between the target of comparison and the standard of comparison (the target and the standard must agree on category and syntactic function; in comparatives involving verb-copy chains, the verbs in the target, standard and the predicate of comparison must be identical); (b) the reflexive *ziji* 'self' in *bi* comparatives is liable to a sloppy interpretation; (c) the *bi* comparatives display some reconstruction effects. These facts pose problems for the phrasal analysis and the comitative analysis, but can be straightforwardly captured in the clausal analysis that involves two instances of the predicate of comparison in the syntactic derivation. Under this analysis, the predicate of comparison in the target clause undergoes parallel ellipsis under identity, and what is compared are the two degree values denoted by the target clause and the standard clause respectively.

Chapter 8: Semantics and morpho-syntactic variation: The case of scalar equatives in English and Mandarin Chinese

Although scalar equatives in English and Mandarin share a common set of semantic building blocks, and express similar truth conditions, there are a variety of morphosyntactic differences between them. These differences can be reduced to different conceptualizations of degree: one type of degree refers to abstract representation of measurement, corresponding to points, while the other type of degree refers to nominalized properties, corresponding to kinds.

Comparatives adopting the former rely on the (asymmetrical) ordering of points, while the comparatives that adopt the latter recur to comparison of similarity of properties. This analysis correctly predicts the difference in syntax and semantics between English and Mandarin equatives: unlike English, Mandarin scalar equatives should be analyzed as modificational structures, which adopt intersective semantics in semantic composition. This article argues for a transparent relationship between variation in form and variation in meaning, and demonstrates that semantics plays a rather direct role in explaining certain cross-linguistic morphosyntactic variations.

Chapter 9: Degree and gradability in nominal domain

Two subtypes of gradable nouns are identified and examined. One type is represented by the nouns such as *meinü* 'beauty', *tiancai* 'genius', etc. that have lexically-specified dimensions for scales, and must meet some minimum standards. The other type of nouns, represented by the ones such as *renwu* 'figure', *shigu* 'incident', etc., derive the relevant dimensions for scales from pragmatic or contextual factors, and do not require a minimum standard. The present study not only establishes that the gradability is operative in the nominal domain, but also demonstrates that, like gradability in the adjectival domain, gradable nouns should be similarly distinguished. In doing so, the present study provides a compelling case for the parallelism of gradability across categories.

Chapter 10: Gradability, scale structure, and the semantics of "hen 'very' + noun" constructions

The article investigates the "*hěn* + NP" construction, with a view to answering three questions: (i) why nouns can be modified by the degree word *hěn* 'very'? (ii) why certain nouns are more liable to be modified by *hěn* than others, and (iii) what are the semantic commonalities and differences between nouns and adjectives? We propose that gradability in the nominal domain is responsible for nouns being modified by *hěn*. Nominal gradability is resulted from the categorization of nouns, i.e., the averaged similarity of an entity to the prototype category along different dimensions. Two categorization processes are identified: for social nouns, which are related to social life or human propensity and whose dimensions are relatively independent, the categorization is based on weighted sum of the set of similarities along different dimensions, while for natural nouns, which are related to natural objects and whose dimensions are interrelated, the categorization is based on weighted product. The former, but not the latter, are more liable to be coerced by scale structure, which is an essential semantic requirement for *hěn*. Though both nouns and adjectives denote scale structures, they are associated with different levels of measurement: nouns are associated with ordinal measurement, which only expresses the ordinal relationship between entities; by contrast, adjectives are associated with interval (or ratio) measurement, which can express the difference in degrees between entities, besides the ordinal relationship. This analysis provides a new perspective on the semantic commonalities and differences between nouns and adjectives.

Chapter 11: Degree, scale structure, and the polarity opposition of adjectives in Mandarin Chinese

This chapter attempts to provide a motivated semantics for the polarity opposition of adjectives on the basis of naturalist data. Adopting a degree-based framework, it is hypothesized that the positive adjectives (such as *da* 'big', *kuan* 'wide', *chang* 'long', etc.) denote an interval from zero point to some positive value along a certain scale ([0, n]), while negative adjectives (such as *xiao* 'small', *zhai* 'narrow', *duan* 'short', etc.) denote an interval from a positive value to infinity ([n, ∝]) along a certain scale. This novel scale-based analysis offers a more motivated account of the differences in distributional patterns and semantic implication between positive and negative adjectives in Chinese.

Chapter 12: Conclusion

This chapter summarizes the key research findings reported in the book to underscore the welcome consequences of applying degree semantics to the grammatical study of modern Chinese. The degree-based framework not only yields a better understanding of certain grammatical phenomena which would otherwise defy formal treatment, but also offers a window through which the study of Chinese grammar can be harmoniously integrated into the frontiers of international linguistic community. The chapter also discusses some challenges for degree -based semantics and suggests some directions for future research.

参考文献

包华莉　1993　"比"字句删除法的商榷,《语文研究》第 1 期:
29—36。

储泽祥、刘街生　1997　"细节显现"与"副＋名",《语文建设》
第 6 期:15—19。

胡明扬　1992　"很激情""很青春"等,《语文建设》第 4 期:35。

胡明扬　1995　现代汉语词类问题考察,《中国语文》第 5 期:
381—389。

胡云晚、于晓燕　2012　"很＋名"结构作状语和补语的对称与
不对称,《语言研究》第 1 期:55—60。

邓思颖　2011　《形式汉语句法学》,上海:上海教育出版社。

邓凤民　2015　《汉藏语差比句研究》,上海:上海世纪出版集团。

丁声树等　1961　《现代汉语语法讲话》,北京:商务印书馆。

方　华　1986　副词能否修饰体词刍议,《南京大学学报:哲
学·人文科学》第 3 期:5。

方清明　2012　再论"真"与"真的"的语法意义和语用功能,
《汉语学习》第 5 期:95—103。

宫下尚子　2002　关于"真"与"真的"做状语情况的考察,《汉
语学习》第 2 期:38—41。

桂诗春　1995　从"这个地方很郊区"谈起,《语言文字应用》第 3 期:24—28。

郭　洁　2015　英语比较句的成分结构研究,《外语教学与研究》第 5 期:355—367。

郭　锐　2002　《现代汉语词类研究》,北京:商务印书馆。

——　2011　朱德熙先生的汉语词类研究,《汉语学习》第 5 期:14—26。

——　2012　形容词的类型学和汉语形容词的语法地位,《汉语学习》第 5 期:3—16。

郝光顺　1989　谈"像……一样/似的",《松辽学刊》第 4 期:70—76。

何元建　2010　现代汉语比较句式的句法结构,《汉语学习》第 5 期:11—19。

黄伯荣、廖序东　2002　《现代汉语》(增订三版)(下),北京:高等教育出版社。

黄国营、石毓智　1993　汉语形容词的有标记和无标记现象,《中国语文》第 6 期:401—409。

黎锦熙　1924　《新著国语文法》,1992 年再版,北京:商务印书馆。

李晋霞　2005　"好"的语法化和主观性,《世界汉语教学》第 1 期:44—49。

李临定　1986　《现代汉语句型》,北京:商务印书馆。

李向农　1999　再说"跟……一样"及其相关句式,《语言教学与研究》第 3 期:85—96。

刘丹青　2005　形容词和形容词短语的研究框架,《民族语文》

第 5 期:28—38。

　　刘凡、罗琼鹏　2019　跨语言视角下测量基准的分裂与测量结构的生成,《外语教学与研究》第 1 期:17—30。

　　刘月华等　2004　《实用现代汉语语法》(增订本),北京:商务印书馆。

　　龙果夫著　郑祖庆译　1958　《现代汉语语法研究》(第一卷),北京:科学出版社。

　　陆俭明　1989　说量度形容词,《语言教学与研究》第 3 期:46—59。

　　——　2014　关于"有界/无界"理论及其应用,《语言学论丛》第 50 辑:29—46。

　　陆俭明、马真　1999　《现代汉语虚词散论》,北京:语文出版社。

　　吕叔湘　1944,《中国文法要略》(中、下卷)。载吕叔湘,1956,《中国文法要略》(修订本)。北京:商务印书馆。

　　——　1965　形容词使用情况的一个考察,《中国语文》第 6 期。载吕叔湘,1984,《汉语语法论文集》(增订本),北京:商务印书馆,301—326。

　　——　1966　单音形容词用法研究,《中国语文》第 2 期。载吕叔湘,1984,《汉语语法论文集》(增订本),北京:商务印书馆,327—348。

　　——　1989　未晚斋语文漫谈·词类活用,《中国语文》第 5 期。

　　——　2008　有"大"无"小"和有"小"无"大"。载《语文杂记》,142—144 页。上海:三联书店。

　　吕叔湘、饶长溶　1981　试论非谓形容词,《中国语文》第 2 期。载吕叔湘,1984,《汉语语法论文集》(增订本),北京:商务印书馆,

349—358。

　　吕叔湘等(主编)　1999　《现代汉语八百词》(增订本),北京:商务印书馆。

　　罗琼鹏　2016　程度、量级与形容词"真"和"假"的语义,《语言研究》第 2 期:94—100。

　　——　2016　有"大"无"小"的"大＋NP"结构——兼谈名词的等级性。《汉语学习》第 3 期:43—52。

　　——　2017　汉语"比"字比较句的句法和语义问题,《现代外语》第 3 期:324—335。

　　——　2017　汉语名词的程度与等级性,《语言学研究》第 21 辑:97—109。

　　——　2017　程度语义学视角下的英汉语比较结构研究,《天津外国语大学学报》第 3 期:30—38。

　　——　2018　等级性,量级结构与汉语性质形容词分类,《汉语学习》第 1 期:27—38。

　　——　2018　量级结构与汉语形容词的极性对立问题,《语言研究》第 2 期:24—31。

　　——　2019　"多"在数量结构中的分布与语义解释——兼谈测量的机制,《语言科学》第 1 期:13—26。

　　——　2019　语义学与形态句法变异——以英汉语量级等比句为例,《外国语》第 3 期:47—59。

　　——　2020　从量级到量段——跟"还"有关的几种用法的语义分析,《语言科学》第 6 期:592—609。

　　——　2021　英汉语等级性现象的语义研究,《解放军外国语学院学报》第 6 期:65—73。

罗琼鹏、崔晋　2017　意义的多维性与多维度语义学,《外国语》第 5 期:11—20。

马建忠　1898[1988]　《马氏文通校注》,北京:商务印书馆。

马　真　1991　普通话里的程度副词"很、挺、老、怪",《汉语学习》第 2 期:8—13。

聂志平、田祥胜　2014　"真"、"假"真的不能被程度副词修饰吗?《语言研究》第 2 期:6—11。

彭国珍　2011　汉语开放等级形容词的语义特征对句法表现的影响,《浙江工业大学学报(社会科学版)》第 2 期:236—240。

齐沪扬　1988　谈区别词的内部分类,《淮北煤师院学报(社会科学版)》Z1 期:187—198。

齐沪扬　1990　谈区别词的分类问题,《南京师大学报(社会科学版)》第 2 期:65—70。

任芝锳　2003　"程度副词＋名词"结构的语义分析,《暨南大学华文学院学报》第 4 期:51—58。

山述兰　2003　"程度副词＋名词"的语义基础及表达效果,《成都师专学报》第 1 期:86—88。

邵敬敏、吴立红　2005　"副＋名"组合与语义指向新品种,《语言教学与研究》第 6 期:16—26。

沈家煊　1995　有界和无界,《中国语文》第 5 期:367—380。

——　1997　形容词句法功能的标记模式,《中国语文》第 4 期:242—250。

——　2015　《不对称与标记论》,北京:商务印书馆。

施春宏　2001　名词的描述性语义特征与副名组合的可能性,《中国语文》第 3 期:212—224＋287。

石毓智　2003　形容词的数量特征及其对句法行为的影响,《世界汉语教学》第 2 期:13—26。

宋培杰　2008　论副名组合中的名形转类,《河南师范大学学报(哲学社会科学版)》第 5 期:136—138。

宋玉柱　1984　与"象"有关的几个问题,《语言教学与研究》第 1 期:13—25。

谭景春　1998　名形词类转变的语义基础及相关问题,《中国语文》第 5 期:368—377。

唐秀伟　2010　"很＋N"与"很＋有＋N"句法结构和功能之比较,《学术交流》第 3 期:131—133。

王巍　2002　对"程度副词＋名词"结构的再认识,《语海新探》第 5 辑:149—155。

王媛、罗琼鹏　2017　程度视角下"大＋时间名词"结构的语义分析,《云南师范大学学报(对外汉语教学与研究版)》第 3 期:36—45。

王媛、罗琼鹏　2017　现代汉语名量结构的两种测量义——兼谈与时量结构的语义平行性关系,《语言教学与研究》第 6 期:82—91。

王媛、罗琼鹏　2021　等级性、量级结构与"很＋名词"结构的语义分析——兼谈名形转换的语义基础,《汉语学习》第 5 期:53—63。

伍铁平　2000　《模糊语言学》,上海:上海外语教育出版社。

吴颖、王敏杰　2012　名词向形容词的功能转变问题,《汉语学习》第 5 期。

向熹　2010　《简明汉语史》,北京:商务印书馆。

邢福义　1965　谈"数量结构＋形容词",《中国语文》第 1 期:34—36。

——　1995　南味"好"字句,《华中师范大学学报(哲社版)》第 1 期:78—85。

——　1997　"很淑女"之类说法语言文化背景的思考,《语言研究》第 2 期:1—100。

——　2003　《词类辩难》,北京:商务印书馆。

——　2012　说"数量名结构＋形容词",《汉语学报》第 2 期:2—10。

熊仲儒　2007　现代汉语与方言中差比句的句法结构分析,《语言暨语言学》第 4 期:1043—1063。

杨永林　2000　试析现代汉语中"程度性副词＋非程度性形容词化名词短语"结构,《现代外语》第 2 期:138—150＋137。

于根元　1991　副＋名,《语文建设》第 1 期:19—22。

袁海霞　2013　《汉语方言差比句研究》,武汉:华中师范大学出版社。

原新梅　1997　"程度副词＋N"的修辞功效,《修辞学习》第 4 期:31—32。

张斌(主编)　2010　《现代汉语描写语法》,北京:商务印书馆。

张伯江　1994　词类活用的功能解释,《中国语文》第 5 期:339—346。

——　2011　现代汉语形容词做谓语问题,《世界汉语教学》第 1 期:3—12。

张伯江、方梅　1996　《汉语功能语法研究》,南昌:江西教育出版社。

张国安　1995　关于副词修饰名词问题,《汉语学习》第 6 期:61—65。

张国宪　1996　形容词的记量,《世界汉语教学》第 4 期:33—42。

——　2000　现代汉语形容词的典型特征,《中国语文》第 5 期:447—458。

——　2006a　性质形容词重论,《世界汉语教学》第 1 期:5—17。

——　2006b　《现代汉语形容词功能与认知研究》,北京:商务印书馆。

郑怀德、孟庆海　2003　《汉语形容词用法词典》,北京:商务印书馆。

张定、丁海燕　2009　助动词"好"的语法化及相关词汇化现象,《语言教学与研究》第 5 期:31—38。

张　乔　1998　《模糊语义学》,北京:商务印书馆。

张谊生　1996　名词的语义基础及功能转化与副词修饰名词,《语言教学与研究》第 4 期:57—75。

——　2010　《现代汉语副词分析》,上海:三联书店。

周春林　2006　"程度副词＋专有各词"的修辞语用条件及其语义特征,《广西社会科学》第 9 期:157—160。

周　韧　2015　现实性和非现实性范畴下的汉语副词研究,《世界汉语教学》第 2 期:167—183。

朱德熙　1956　现代汉语形容词研究,《语言研究》第 1 期。载朱德熙,1980,《现代汉语语法研究》。北京:商务印书馆:3—41。

——　1982　说"跟……一样",《汉语学习》第 1 期:1—5。

──　1982　《语法讲义》,北京:商务印书馆。

──　1983　关于"比"字句。载《语言研究和探索(一)》。北京:北京大学出版社。

左孝凌、李为鑑、刘永才　1982　《离散数学》,上海:上海科学技术文献出版社。

Anderson, C. & M.Morzycki. 2015. Degrees as kinds. *Natural Language and Linguistic Theory* 33(3): 791 - 828.

Aihara, M. 2009. The scope of-est: evidence from Japanese. *Natural Language Semantics* 17: 341 - 367.

Bale, A. 2008. A universal scale of comparison. *Linguistics and Philosophy* 31: 1 - 55.

Beck, S. 2012. Comparison constructions. In Maienborn, Claudia *et al*. (eds.), *Semantics: An International Handbook of Natural Language Meaning*, vol. 2, pp. 1341 - 1389. Berlin: Mouton de Gruyter.

Beck, S., Oda, T. & K. Sugisaki. 2004. Parametric variation in the semantics of comparison: Japanese vs. English. *Journal of East Asian Linguistics* 13: 289 - 344.

Bhatt, R. & S. Takahashi. 2011. Reduced and unreduced phrasal comparatives. *Natural Language & Linguistic Theory* 29 (3): 581 - 620.

Bierwisch, M. 1988. Tools and explanations of comparison: Part I. *Journal of Semantics* 6: 57 - 93.

Bolinger, D. 1972. *Degree Words*. The Hague: Mouton.

Bresnan, J. 1973. Syntax of the comparative clause construction in English. *Linguistic Inquiry* 4：275 – 343.

　　Carlson, G. 1977a. *Reference to Kinds in English*. Doctoral dissertation, University of Massachusetts at Amherst.

　　Carlson, G. 1977b. Amount relatives.*Language* 53：520 – 542.

　　Castroviejo, E. &. M. Schwager. 2008. Amazing DPs. In *Proceedings of Semantics and Linguistic Theory* (*SALT*) 18, pp. 176 – 193. Ithaca, New York：CLC Publications.

　　Chao, Y. 1968. *A Grammar of Spoken Chinese* [M]. Berkeley：University of California Press.

　　Chierchia, G. 1998. Reference to kinds across languages. *Natural Language Semantics* 6：339 – 405.

　　Chomsky, N. 1977. On *Wh*-movement. In P. Cullicover, T. Wasow &. A. Akmajian (eds.), *Formal Syntax*, pp. 71 – 132. New York：Academic Press.

　　Citko, B. 2001. Deletion under identity in relative clauses. In Kim, M. &. U. Strauss (eds.), *Proceedings of NELS* 31, 131 – 145. Amherst：GLSA.

　　Cresswell. J. 1976. The semantics of degree. In B. H. Partee (ed.), *Montague Grammar*, pp. 261 – 292. New York：Academic Press.

　　Davidson, D. 1967. Truth and meaning. *Synthese* 17 (1)：304 – 323.

　　Dixon, R. M. W. 2008. Comparative constructions：a cross-linguistic typology. *Studies in Language* 32(4)：787 – 817.

　　Erlewine, M. Y. 2018. Clausal comparison without degree abstraction in Mandarin Chinese. *Natural Language and Linguistic Theory* 36: 445 – 482.

von Fintel, K. & L. Matthewson. 2008. Universals in semantics. *The Linguistic Review* 25:139 – 201.

Fodor, Jerry et al. 1980. Against definitions. *Cognition* 8: 263 – 367.

Francez, I. & A. Koontz-Garboden. 2017. *Semantics and Morphosyntactic Variation: Qualities and the Grammar of Property Concepts*. Oxford: Oxford University Press.

Frege, G.1892. Über Sinn und Bedeutung. *Zeitschrift für Philosophie und philosophische Kritik*, (100): 25 – 50.

Giannakidou, A. 2011. Negative and positive polarity items. In Maienborn, Claudia *et al.* (eds.), *Semantics: A Handbook of Natural Language Meaning* (V. 2), 1660 – 1712. Berlin: De Gruyter Mouton.

Giannakidou, A. and S. Yoon. 2011. The subjective mode of comparison: metalingusitic comparatives in Greek and Korean. *Natural Language and Linguistic Theory* 29:621 – 655.

Grano, T. 2012. Mandarin *hen* and Universal Markedness in gradable adjectives. *Natural Language & Linguistic Theory* 30(2): 513 – 565.

Grano, T. & C. Kennedy. 2012. Mandarin transitive comparatives and the grammar of measurement. *Journal of East Asian Linguistics* 21: 219 – 266.

Grice, P. 1975. Logic and conversation. In Cole, P. *et al.*

(eds.), *Syntax and Semantics* 3, 41 – 58. Elsevier.

Grosu, A. &. Landman, F. 1998. Strange relatives of the third kind. *Natural Language Semantics* 6: 125 – 170.

Gutzmann, D. 2015. *Use-conditional Meaning: Studies in Multidimensional Semantics*. Oxford: Oxford University Press.

Hale, K. &. S. J. Keyser. 2002. *Prolegomena to a Theory of Argument Structure*. Cambridge, Mass.: The MIT Press.

Hampton, James A. 1995. Testing the prototype theory of concepts. *Journal of Memory and Language* 34: 686 – 708.

Hampton, James A. 1998. Similarity based categorization and fuzziness of natural categories. *Cognition* 65: 137 – 165.

Hampton, James A., Storms, Gert, Simmons, Claire L. &. Daniel Heussen. 2009. Feature integration in natural language concepts. *Memory and Cognition* 37(8): 1150 – 1163.

Hayashishita, J.R. 2009. Yori-comparative: Comments on Beck et al. (2004). *Journal of East Asian Linguistics* 18(2): 65 – 100.

Heim, I. 1985. Notes on comparatives and related matters. Unpublished manuscript, University of Texas at Austin.

Heim, I. 1995. Notes on superlatives. Unpublished manuscript, MIT.

Heim, I. 2000. Degree operators and scope. In B. Jackson &. T. Matthews (eds.), *Proceedings of Semantics and Linguistic Theory* (*SALT*) 10, pp. 40 – 64. Ithaca, NY: CLC Publications.

Heim, I. &. A. Kratzer. 1998. *Semantics in Generative Grammar*. Oxford: Blackwell.

Hohaus, V. & M. R. Bochnak. 2020. The grammar of degree: gradability across languages. *Annual Review of Linguistics* 6:20. 1 - 20.25.

Ishii, Y. 1991. *Operators and Empty Categories in Japanese*, PhD dissertation, University of Connecticut.

Jacobson, P. 1995. On the quantificational force of English free relatives. In Bach, E. et al. (eds.), *Quantification in Natural Languages*, 451 - 486. Dordrecht: Kluwer.

Jespersen, O. 1933. *Essentials of English Grammar*. London: George Allen & Unwin.

Jhang, S.-E. 2001. Comparative Constructions in Korean. In Comparative Korean Studies, 9: 1 - 18.

Kamp, H. & W. Sassoon. 2016. Vagueness. In M. Aloni & P. Dekker (eds.), *The Cambridge Handbook of Formal Semantics*, pp. 389 - 441. Cambridge: Cambridge University Press.

Kaplan, D. 2004. The meaning of *ouch* and *oops* [OL]. Howison lecture delivered at the University of California at Berkeley. https://www.youtube.com/watch? v=iaGRLlgPl6w

Kennedy, C. 1999. *Projecting the Adjective: The Syntax and Semantics of Gradability and Comparison*. New York: Garland Publishing.

Kennedy, C. 2011. Polar opposition and the ontology of "degrees".*Linguistics and Philosophy* 24: 33 - 70.

Kennedy, C. 2002. Comparative deletion and optimality in syntax.*Natural Language and Linguistic Theory* 20: 553 - 621.

Kennedy, C. 2007. Vagueness and grammar: the semantics of relative and absolute gradable adjectives. *Linguistics and Philosophy* 30(1): 1 – 45.

Kennedy, C. 2009. Modes of comparison. In *Proceedings of the 43nd Meeting of the Chicago Linguistic Society* (*CLS* 43), 141 – 165.

Kennedy, C. &. L. McNally. 2005. Scale structure, degree modification, and the semantics of gradable predicates. *Language* 81: 345 – 381.

Kim, J.-B. &. P. Sells. 2009. On the Syntax of Korean Comparatives. *Language and Information* 13.2: 29 – 45.

Kim, J.-B. &. P. Sells. 2010. A phrasal analysis of Korean comparatives. *Studies in Generative Grammar* 20: 179 – 205.

Ladusaw, W. 1980. *Polarity Sensitivity as Inherent Scope Relations*. Bloomington: Indiana University Linguistics Club.

Lechner, W. 2001. Reduced and phrasal comparatives. *Natural Language and Linguistic Theory* 19: 683 – 735.

Li, X. 2009. *Degreeless Comparatives*. Doctoral dissertation, Rutgers University.

Li, X. 2015a. Degreeless comparatives: the semantics of differential verbal comparatives in Mandarin Chinese. *Journal of Semantics* 32: 1 – 38.

Li, X. 2015b. The ingredients of comparison: the semantics of excessive construction in Japanese. *Semantics and Pragmatics* 8(8): 1 – 38.

Lin, J. 2009. Chinese comparatives and their implicational parameters. *Natural Language Semantics* 17: 1 – 27.

Lin, J. 2014. The adjective of quantity *duo* 'many'/much' and differential comparatives in Mandarin Chinese. *International Journal of Chinese Linguistics* 1(2): 163 – 191.

Luo, Q. & Y. Cao. 2019. Equatives are not all equal: A correlative analysis of scalar equatives in Mandarin. In E. Ronai, L. Stigliano & Y. Sun (eds.), *Proceedings of the Fifty-Fourth Annual Meeting of the Chicago Linguistic Society* (CLS 54), 283 – 294.

Luo, Q. & Z. Xie. 2018. Degrees as nominalized properties: evidence from differential verbal comparatives in Chinese. In U. Sauerland & S. Solt (eds.), *Proceedings of Sinn und Bedeutung* 22 (*SuB* 22), vol. 2, ZASPiL 61, 89 – 106. Berlin: Leibniz-Zentrum Allgemeine Sprachwissenshaft (ZAS).

Luo, Q., Hsieh, M.-L. & D. Shi. 2017. Pre-classifier adjectival modification in Mandarin Chinese: a measurement-based analysis. *Journal of East Asian Linguistics* 26 (1): 1 – 36.

Mairal, R. & J. Gil (eds.). 2006. *Linguistic Universals*. Cambridge: Cambridge University Press.

Matsui, A. & Y. Kubota. 2010. Comparatives and contrastiveness: Semantics and pragmatics of Japanese Hoo comparatives. *Formal approaches to Japanese linguistics* (FAJL) 5.

McNally, L. 2016. Modification. In M. Aloni & P. Dekker (eds.), *The Cambridge Handbook of Formal Semantics*, 442 – 466. Cambridge: Cambridge University Press.

Mendia, A. J. 2017. *Amount Relatives Redux*. Doctoral dissertation, University of Massachusetts at Amherst.

Mendia, A. J. 2018. Some kind of relative clause. In U. Sauerland & S. Solt (eds.), *Proceedings of Sinn und Bedeutung* 22, vol. 2, 163 - 180. Leibniz-Zentrum Allgemeine Sprachwissenshaft, Berlin.

Merchant, J. 2009. Phrasal and clausal comparatives in Greek and the abstractness of syntax. *Journal of Greek Linguistics* 9: 134 - 164.

Moltmann, F. 2009. Degree structure as trope structure: a trope-based analysis of positive and comparative adjectives. *Linguistics and Philosophy* 32 (1): 51 - 94.

Morzycki, M. 2009. Degree modification of gradable nouns: size adjectives and adnominal degree morpheme. *Natural Language Semantics* 17 (2): 175 - 203.

Morzycki, M. 2012. The several faces of adnominal degree modification. In Jaehoon Choi et al. (eds.), *Proceedings of the 29th West Coast Conference on Formal Linguistics*, 187 - 195. Somerville, Mass.: Cascadilla Press.

Morzycki, M. 2016. *Modification*. Cambridge: Cambridge University Press.

Nakanishi, K. 2007a. *Formal properties of measurement constructions*. Berlin: Mouton de Gruyter.

Nakanishi, K. 2007b. Measurement in the nominal and verbal domains. *Linguistics and Philosophy* 30(2). 235 - 276.

Nouwen, R. 2008. Upper-bound *no more*: the exhaustive interpretation of non-strict comparison. *Natural Language Semantics* 16: 271 - 295.

Nouwen, R. 2011. Degree modifiers and monotonicity. In P. Égré & N. Klinedinst (eds.), *Vagueness and Language Use*, pp. 146 - 164. Houndmills, Hampshire: Palgrave Macmillan.

Oda, T. 2008. Degree constructions in Japanese. Doctoral dissertation, University of Connecticut, Storrs.

Park, So-young. 2009. Three types of Korean comparatives. *Japanese/Korean Linguistics* 16, CSLI Publications.

Pearson, H. 2014. On the syntax and semantics of the Japanese comparative. In R. Folli, C. Sevdali, R. Truswell (eds.), *Syntax and its Limits*, pp. 279 - 299. Oxford: Oxford University Press.

Penka, D. 2017. Degree equatives: the same as comparatives?. Paper presented at *Sinn und Bedeutung* 22. Sept. 6, 2017. Berlin: ZAS.

Potts, C. 2005. *The Logic of Conventional Implicature*. Oxford: Oxford University Press.

——2007. The expressive dimension. *Theoretical Linguistics* 33: 165 - 198.

Ramchand, G. 2008. *Verb Meaning and the Lexicon: A First Phase Syntax*. Cambridge: Cambridge University Press.

Rett, J. 2015. *The Semantics of Evaluativity*. Oxford: Oxford University Press.

Rosch, Elinor. 1973. Natural categories. *Cognitive Psychology*

4: 328 - 350.

Rosch, Elinor & Caroline Mervis. 1975. Family resemblances: Studies in the internal structure of categories. *Cognitive Psychology* 7: 573 - 605.

Rotstein, C. & Y. Winter. 2004. Total adjectives vs. partial adjectives: Scale structure and higher-order modifiers. *Natural Language Semantics* 12: 259 - 288.

Rullmann, H. 1995. *Maximality in the Semantics of Wh-Constructions*. Doctoral dissertation. University of Massachusetts at Amherst.

Russell, B. 1923. Vagueness. *Australasian Journal of Philosophy and Psychology* 1: 84 - 92.

Sapir, E. 1944. Grading, a study in semantics [J]. *Philosophy of Science* 11: 93 - 116.

Sassoon, Galit W. 2013. A Typology of Multidimensional Adjectives. *Journal of Semantics*, 30 (30): 335 - 38.

Sassoon, Galit W. 2017. Comparisons of Nominal Degrees. *Language* 93(1): 153 - 188.

Sassoon, Galit W. & Julie Fadlon, J. 2017. The Role of Dimensions in Classification under Predicates Predicts their Status in Degree Constructions. *Glossa* 2(1): 42. 1 - 40.

Schwarzschild, R. 2008. The semantics of comparatives and other degree constructions. *Language and Linguistics Compass* 2: 308 - 331.

Schwarzschild, R. & K. Wilkinson (2002). Quantifiers in comparatives: a semantics of degree based on intervals. *Natural Language Semantics* 10: 1 – 41.

Scontras, G. 2014. *The Semantics of Measurement*. Doctoral dissertation, Harvard University.

Scontras, G. 2017. A new kind of degree. *Linguistics and Philosophy* (Published online: 07 February 2017).

Searle, J. 1976. The classification of illocutionary acts. *Language in Society* 5: 1 – 23.

Seuren, Pieter A. 1973. The comparative. In F. Kiefer & N. Ruwet (eds.), *Generative Grammar in Europe*, pp. 528 – 565. Dordrecht: D. Reidel.

Sharvit, Y. & P. Stateva. 2002. Superlative expressions, context and focus. *Linguistics and Philosophy* 25: 453 – 504.

Shimoyama, J. 2012. Reassessing crosslinguistic variation in clausal comparatives. *Natural Language Semantics* 20(1): 83 – 113.

Stassen, L. 1985. *Comparison and Universal Grammar*. Oxford: Blackwell.

Stassen, L. 2006. Comparative constructions. In K. Brown (ed.), *Encyclopedia of Language and Linguistics* (2nd edition), pp. 686 – 690. Oxford: Elsevier.

Stevens, S. S. 1946. On the theory of scales of measurement. *Science* 103: 677 – 680.

Stevens, S. S. 1957. On the psychophysical law. *Psychological Review* 64: 153 – 181.

Sudo, Y. 2015. Hidden Nominal Structure in Japanese clausal

comparatives. *Journal of East Asian Linguistics* 24 (1): 1 - 51.

von Stechow, A. 1984. Comparing semantic theories of comparison. *Journal of Semantics* 3: 1 - 77.

Szabolcsi, A. 2010. *Quantification*. Cambridge: Cambridge University Press.

de Vries, Hanna. 2010.*Evaluative Degree Modification of Adjectives and Nouns*. Master's thesis in linguistics. Utrecht University.

Wattenmaker, David W. 1995. Knowledge structures and linear separability: Integrating information in object and social categorization. *Cognitive Psychology* 28: 274 - 328.

Williamson, T. 1994.*Vagueness*. London: Routledge.

Williamson, T. 2009.Reference, inference and the semantics of pejoratives. In Almog, J. & P. Leonardi (eds.), *The Philosophy of David Kaplan*, 137 - 158. Oxford: Oxford University Press.

Wittgenstein, Ludwig. 1968. Reprint:*Philosophical Investigations*, Translated by G. E. M. Anscombe, 3rd edition. Oxford: Blackwell. Original edition, 1953.

Xiang, M. 2005. *Some Topics in Comparative Constructions*. Doctoral dissertation, Michigan State University.

Xie, Z. 2014. The degree use of the possessive verb *yǒu* in Mandarin Chinese: A unified analysis and its theoretical implications. *Journal of East Asian Linguistics* 23:113 - 156.

Yeom, J.-I. 2016. Association of Pota-phrases with compared phrases in Korean comparatives. *Language and Information* 20.2: 55 - 82.